Pour Que Nous Devenions Dieu

Commentaires sur les Évangiles du Dimanche dans l'Église Orthodoxe

CHRISTO EL MORR

Publié par
Christo El Morr

Copyright © 2022 Christo El Morr
Tous les droits sont réservés. Aucune partie de ce livre ne peut être
reproduite ou transmise sous quelque forme que ce soit sans
l'autorisation écrite de l'auteur, sauf par un critique, qui peut citer
de brefs passages dans une critique.

Courriel de l'Auteur : celmorr@gmail.com

ISBN : 978-1-7778000-1-7

DÉDICACE

Aux jeunes femmes et hommes du Mouvement des Jeunes Orthodoxes d'Antioche ; pendant de longues années nous avons partagé ensemble nos interrogations et nos envies d'une existence pleinement vivante et joyeuse, dans le plein respect de notre humanité.

TABLE DE MATIÈRE

REMERCIEMENTS

Les textes des évangiles sont tirés du site Web de l'archidiocèse chrétien orthodoxe antiochien d'Amérique du Nord : https://www.antiochian.org/

Tous les autres versets du Nouveau Testament ou de l'Ancien Testament utilisés dans les commentaires dans les commentaires et qui ne font pas partie des textes de l'Évangile du dimanche sont des « Écritures tirées de la Septante de l'Académie Saint-Athanase ™. Copyright © 2008 par l'Académie de théologie orthodoxe Saint-Athanase. Utilisé avec permission. Tous les droits sont réservés. »

Photo de couverture : Mosaïque Deesis (XIIIe siècle) à Sainte-Sophie (Istanbul, Turquie), Détail (Christ) de Till Niermann est sous licence CC BY-SA 3.0 (aucune modification apportée).

Je suis reconnaissant envers tous mes professeurs dans la foi, en particulier Costi Bendaly, sans qui je ne pourrais pas écrire ce livre.

Mes remerciements vont à l'enseignante dans la vie Valentina, ma femme, dont la compassion et l'amour de la vérité sont sans comparaison.

INTRODUCTION

Dr. Nicolas Abou Mrad, Professeur d'Études Bibliques

Il va sans dire que la tradition la plus solide de l'Église a toujours été la lecture de passages bibliques dans les réunions liturgiques de la communauté. Héritée de la Synagogue juive, cette pratique témoigne de la prise de conscience de la communauté des croyants du fait que les Écritures sont l'épine dorsale de la foi ainsi que sa base et celle de la vie de la communauté elle-même. Dès Justin Martyr (IIe s. ap. J.-C.), et même avant, les témoignages abondent sur le fait que les lectures bibliques et la table eucharistique ont été, depuis le tout début, les piliers du rassemblement liturgique de l'Église ; cette réalité est restée inchangée au cours des siècles suivants, les services liturgiques prenant des formes très diverses, et souvent complexes.

Cette tradition n'est certainement pas seulement formelle mais relève des fondements les plus profonds des prémisses théologiques du christianisme. Étant la révélation la plus concrète de la Parole de Dieu, la Bible a une fonction à la fois formatrice et normative. D'une part, il pose les bases pour être chrétien et, d'autre part, il présente les orientations d'une véritable vie chrétienne en accord avec la Parole de Dieu. Le fait que les lectures bibliques occupent un rôle central dans le rassemblement liturgique signifie que l'existence de l'Église elle-même émerge de la Parole écrite de Dieu et tourne autour de celle-ci.

C'est précisément le modèle qu'Ézéchiel a établi pour la cité céleste de Dieu vers la fin de son livre (ch. 40-48). Après avoir exposé les péchés de Jérusalem et de ses dirigeants, qui ont conduit à l'exil, l'ultime aliénation de la Parole de Dieu, Ézéchiel, décrit la communauté des croyants comme une ville conçue et construite par Dieu lui-même, son centre étant la présence de Dieu dans Sa Parole. Les habitants de cette ville sont à la fois les disciples de Dieu et ceux qui seront envoyés proclamer le salut à toutes les nations. Ce modèle, dans la mesure où il est liturgique, est ce que je crois être exactement reproduit dans le rassemblement liturgique de la communauté chrétienne ; la présence du Seigneur sur son trône, représentée par les lectures bibliques, est à la fois au centre et le centre même de la communauté.

Le modèle Ézéchielien a été repris par le livre de l'Apocalypse dans le Nouveau Testament, que l'on peut qualifier de livre liturgique par excellence, dans la mesure où il s'adresse à la totalité de l'Église sous la forme des sept adresses aux sept Églises, représentant la présence de l'Agneau abattu sur le trône de Dieu, ouvrant les sceaux du Livre, comme le centre même d'un rassemblement liturgique. Il s'agit sans doute d'une métaphore du rassemblement communautaire autour de la Bible qui ne peut être interprétée que dans et par le Seigneur Jésus-Christ crucifié.

Le mouvement que nous discernons dans Ézéchiel ainsi que celui présenté par l'Apocalypse peuvent être décrits en des termes qui invoqueraient la sortie d'Égypte. En effet, L'Exode tel que décrit et raconté dans le Pentateuque culmine dans un cadre liturgique où Dieu apparaît sur le mont Sinaï dans sa gloire (Ex 19), rassemble autour de lui le peuple qu'il a fait sortir de la servitude égyptienne et promulgue ses paroles et commandements, qui seront le fondement de sa vie ainsi que celle de tous ceux qui souhaitent suivre le chemin d'Exode de Dieu.

Ce modèle de "rassemblement liturgique" comprend un mouvement allant de l'obéissance aux Seigneurs étrangers (appelée abodah en hébreu) à l'obéissance à la parole du Dieu Sauveur et à Son adoration (étonnamment aussi appelée abodah). Outre ce mouvement systémique, qui dénote l'abandon des affaires mondaines pour reprendre une nouvelle vie selon la Volonté du vrai Dieu, ce mode de rassemblement liturgique dans l'Exode comprend également un repas à la table de Dieu (Ex 24 : 11) précédé de la proclamation de la Parole de Dieu (Ex 20 : 1 – 23 : 33). Je crois fermement que la liturgie chrétienne reproduit fidèlement ce modèle. Un exode des affaires mondaines conduit à l'apparition devant Dieu et à sa présence salvatrice, où les croyants écoutent ses paroles et scellent leur volonté et leur engagement à obéir avec un repas à la table du

Seigneur.

Ce mouvement, comme j'y ai fait allusion ci-dessus, peut être clairement discerné dans Ézéchiel et dans l'Apocalypse. Dans les deux livres, on peut clairement remarquer l'accent mis sur le départ du péché et la désobéissance, décrits, dans le premier, en termes de la Jérusalem pécheresse et de ses dirigeants rebelles, et dans le second, en termes de la ville prostituée fondée sur la bête trompeuse. Le chemin de ce départ, cet abandon, cet Exode, doit conduire à la présence du Seigneur dans Ses paroles, ou bien il ramène à l'asservissement aux éléments de ce monde.

Il est frappant de voir comment Étienne, le Martyr dans le Livre des Actes, reprend ce modèle de l'Exode, racontant en un mot toute l'histoire de l'Exode, lorsque, dans son dernier discours avant d'être tué par Jérusalem et ses dirigeants, il situe clairement l'Église de Dieu sur le chemin de l'Exode, dans le désert, où les paroles vivantes de Dieu sont prêchées et enseignées (Actes 7). Avec cela, Étienne voulait contrer l'accusation portée contre lui selon laquelle il avait l'intention d'attaquer le temple de Dieu. Sa conviction, cependant, était que le temple de Dieu n'est pas un bâtiment, qui, d'ailleurs, était souvent utilisé comme lieu d'apostasie comme il l'explique ; pour lui, les Paroles de Dieu lui-même dans le désert, loin de la domination du rebelle, sont le véritable temple de Dieu, vers lequel l'Église doit faire son Exode et dans lequel elle doit habiter et demeurer.

C'est en bref, les fondements sur lesquels le rassemblement liturgique de l'Église a été défini et façonné autour des lectures de l'Écriture. Les lectures quotidiennes tout au long de l'année, et en particulier les lectures du jour du Seigneur, fonctionnent comme l'incarnation de la présence de Dieu parmi Son peuple, Sa demeure dans Sa tente éternelle au milieu de ceux qui, par le baptême, se sont chargés de marcher sur le chemin de l'Exode.

Le présent livre est le produit d'une initiative consciente des fondements bibliques des lectures liturgiques. Dr. Christo El Morr sait très bien que pour que la communauté soit construite par la Parole de Dieu, la Parole doit être exposée, expliquée et interprétée dans ce cadre très liturgique. En d'autres termes, l'explication ultime de la Parole de Dieu est liturgique, non pas dans le sens où la communauté qui assiste à la liturgie est détentrice de l'autorité d'interprétation ; cela ne peut jamais être le cas, puisque cette communauté est construite par la Parole. Ce que l'on veut dire, c'est que l'explication de la Parole est une interprétation qui met en avant la fonction constructive de la Parole de Dieu et prend la forme d'un sermon revêtu de l'autorité de la Parole de Dieu. Une telle explication est authentique et vraie. Une exégèse de la Bible qui n'édifie pas l'auditeur en Christ, est vouée à rester une tentative incomplète de découvrir la richesse la plus profonde des Écritures divines.

Le livre de Christo El Morr qui vise à aider le lecteur à découvrir à quel point la parole de Dieu est riche et à quel point elle est pertinente pour nos expériences quotidiennes actuelles à cette époque, ne peut qu'être profondément apprécié. Minutieusement, El Morr explique les textes en question, clarifie les termes et les expressions, et résume chaque commentaire dans un message aux lecteurs basé sur le texte, qui les aborde dans leur vie quotidienne et les défis auxquels ils sont confrontés.

Le livre arrive à un moment où le besoin de tels manuels est grand. Les prédicateurs et les croyants ainsi que les responsables des écoles du dimanche peuvent en bénéficier. Les précieux commentaires et explications contenus dans le livre facilitent la tâche des prédicateurs, par exemple, dans la préparation de leurs sermons dominicaux, en fournissant les grandes lignes de pensée intégrées dans les textes des lectures, et en clarifiant les passages difficiles. Il convient de noter que l'auteur établit des liens et des références croisées entre les lectures et d'autres passages de l'Ancien et du Nouveau Testament, ce qui peut aider les lecteurs à comprendre le contexte de chacune des lectures dans son cadre d'origine. Cela devient d'autant plus important si l'on considère que la lecture de la Bible est continue, et que cela ne peut être possible dans la pratique réelle des rassemblements liturgiques, puisque les services quotidiens ne sont pas observés dans la plupart des paroisses.

La simplicité du style associée à la profondeur des idées et des pensées font de ce livre un livre accessible, qui n'exige pas du lecteur qu'il ait une formation universitaire en éducation théologique. C'est une parole adressée à la communauté des croyants en tant que croyants d'abord, invités à entendre et à agir conformément à leur appel baptismal.

Nicolas Abou Mrad

1   LIBERTÉ : LA BONNE NOUVELLE
LUC 4 : 16-22

Il se rendit à Nazareth, où il avait été élevé et, selon sa coutume, il entra dans la synagogue le jour du sabbat. Il se leva pour faire la lecture, et on lui remit le livre du prophète Ésaïe. L'ayant déroulé, il trouva l'endroit où il était écrit : L'esprit du Seigneur est sur moi, parce qu'il m'a oint pour annoncer une bonne nouvelle aux pauvres ; Il m'a envoyé pour guérir ceux qui ont le cœur brisé, pour proclamer aux captifs la délivrance, et aux aveugles le recouvrement de la vue, pour renvoyer libres les opprimés, pour publier une année de grâce du Seigneur. Ensuite il roula le livre le remit au serviteur, et s'assit. Tous ceux qui se trouvaient dans la synagogue avaient les regards fixés sur lui. Alors il commença à leur dire : Aujourd'hui cette parole de l'Écriture que vous venez d'entendre est accomplie. Et tous lui rendaient témoignage ; ils étaient étonnés des paroles de grâce qui sortaient de sa bouche.

COMMENTAIRE

Jésus est retourné dans sa ville natale de Nazareth. Il fait partie des gens qu'il connaît depuis l'enfance. Luc prépare son récit pour mettre les paroles de Jésus au centre : « *se leva* pour faire la lecture », « on lui remit le livre », « l'ayant *déroulé* » (ouvrit le livre). Ensuite, Luc mentionne les paroles que Jésus a lu et note que Jésus « *roula* le livre » (ferma le livre), « le *remit* » et « *s'assis* ».

Au centre de cette scène bien ficelé, nous avons Jésus lit les paroles du prophète Esaïe : « L'Esprit du Seigneur est sur moi, car il m'a choisi pour son service ; il m'a donné pour mission d'apporter aux pauvres une bonne nouvelle et de prendre soin des désespérés ; ma mission est de proclamer aux captifs qu'ils seront libres désormais et de dire aux prisonniers que leurs cachots vont s'ouvrir ; ma mission est d'annoncer l'année où le Seigneur manifestera sa faveur à son peuple, le jour où notre Dieu prendra sa revanche sur ses ennemis ; je suis envoyé pour apporter un réconfort à ceux qui sont en deuil » (Ésaïe 61 : 1-2).

Luc a placé ce texte juste après sa description de la descente du Saint-Esprit sur Jésus lors de Son baptême dans le Jourdain, comme si Luc voulait que les lecteurs comprennent que « L'Esprit du Seigneur est sur moi » est censé annoncer Jésus comme le Messie-Christ. Mais ceux qui écoutaient Jésus dans la synagogue ne pouvaient pas avoir la même compréhension jusqu'à ce que Jésus dise : « Aujourd'hui cette parole de l'Écriture que vous venez d'entendre est accomplie ».

Le texte annonce une « bonne nouvelle » pour les captifs, les aveugles et les opprimés. Les déclarations peuvent généralement être prises à la fois au sens direct et au sens figuré. Le livre d'Esaïe a été écrit pendant et après la captivité babylonienne des Hébreux. Pour Esaïe, les « opprimés » sont les gens en captivité ; les « captifs » signifiaient les prisonniers de guerre à Babylone ; le mot « libération » ou délivrance signifiait la délivrance de l'ennemi babylonien. Cependant, dans l'Évangile de Luc, le mot « libération » / « délivrance » est utilisé dans le contexte du pardon, la délivrance du péché (Luc 24 : 47 ; Actes 2 : 38 ; 5 : 31).

Esaïe utilise également le terme « aveugle » dans un sens figuré pour affirmer que le Messie sera envoyé par Dieu comme une lumière pour tous les peuples qui passeront des ténèbres à la lumière (Ésaïe 9 : 1 ; 42 : 6, 16).

« Le peuple qui marche dans l'obscurité voit une grande lumière. Sur ceux qui vivent au pays des ténèbres, une lumière se met à resplendir. » (9 : 1).

« Moi, le Seigneur, je t'ai appelé par fidélité à moi-même. Je te donne mon appui. Je t'ai formé pour faire de toi le garant de mon alliance envers le peuple, la lumière du monde. 7Tu rendras la vue aux aveugles, tu feras sortir les prisonniers de leur cachot, tu retireras de leur prison ceux qui attendent dans l'obscurité. » (42 : 6-7)

« Je guiderai les aveugles sur un chemin, sur des sentiers qu'ils n'ont jamais suivis. Pour eux, je changerai l'obscurité en lumière et les obstacles en terrain plat. C'est cela mon projet, je n'y renoncerai pas, je le réaliserai. » (42 : 16)

Luc veut transmettre le message que Jésus est le Christ attendu, que le Saint-Esprit est sur lui et que son programme est d'apporter la lumière à ceux qui sont dans les ténèbres, de les délivrer du péché et de libérer les opprimés.

Le message de Jésus nous a apporté la liberté et a sapé toute hégémonie et oppression ; cela est particulièrement clair dans Ses paroles « Ce qui est à César, rendez-le à César, et rendez à Dieu ce qui est à Dieu » (Marc 12 : 17). Ces mots ne signifient pas – comme on le croit généralement – que le christianisme concerne l'au-delà et n'a rien à dire sur la vie politique et l'organisation de la société. Au contraire : en disant cela, Jésus a limité le pouvoir de César, et des pouvoirs politiques. En disant « rendez… à Dieu ce qui est à Dieu », Jésus dit que César n'a pas de pouvoir sur la parole de Dieu, la conscience des êtres humains qui rendent à Dieu ce qui est à Dieu, c'est-à-dire qui ont Jésus comme centre de leur existence, peuvent s'opposer à tout « César » s'il essaie de demander la soumission de la conscience. Comme si Jésus disait : César (l'État, la société, une organisation, etc.) n'a aucune autorité sur votre esprit, sur votre conscience, sur votre foi, sur vous en tant que personnes ; vous êtes libre parce que vous êtes à l'image de Dieu. Comme saint Paul l'a écrit plus tard, Jésus nous a libérés, alors « ne devenez donc pas esclaves des êtres humain » (1 Corinthiens 7 : 23).

Il nous appartient de vivre et de poursuivre le message et l'œuvre libératrice de Jésus-Christ dans notre vie quotidienne, dans nos relations, dans nos familles, dans notre Église, dans notre société, afin qu'aujourd'hui aussi, nous puissions dire que « cette Écriture a été remplie ». Le Saint-Esprit est sur nous et en nous ; Sa présence est une bénédiction et une responsabilité. Ne prenons pas à la légère le fait que nous sommes le Corps du Christ dans l'histoire. La liberté en Christ est un don incommensurable.

2   DIEU AIME TANT LE MONDE
JEAN 3 : 13-17

Le Seigneur dit : personne n'est monté au ciel, si ce n'est celui qui est descendu du ciel, le Fils de l'homme qui est dans le ciel. Et comme Moise éleva le serpent dans le désert, il faut de même que le Fils de l'homme soit élevé, afin que quiconque croit en lui ait la vie éternelle. Car Dieu a tant aimé le monde qu'il a donné son Fils unique, afin que quiconque croit en lui ne périsse point, mais qu'il ait la vie éternelle. Dieu, en effet, n'a pas envoyé son Fils dans le monde pour qu'il juge le monde, mais pour que le monde soit sauvé par lui.

COMMENTAIRE

Jésus révèle Son identité dans une contradiction : Il est le Fils de l'homme qui est au « ciel », et en même temps, Il est descendu du ciel et montera au ciel. En effet, Il est la Parole qui était au commencement : « la Parole était avec Dieu, elle était Dieu » (Jean 1 : 1). Jésus est alors descendu du ciel et est devenu un être humain qui a partagé avec nous notre nature humaine, et devenu comme nous en toutes choses sauf le péché. Il est mort et a été ressuscité et est monté au « ciel » afin de nous donner la vie éternelle. Ainsi Jésus a résumé sa mission parmi nous.

Jésus parlait à Nicodème, « un homme des pharisiens » qui cherchait vraiment Jésus. Il a dit à Nicodème « personne ne peut voir le règne de Dieu s'il ne naît pas de nouveau » (Jean 3 : 3), et « L'Esprit, comme le vent, souffle où il veut ; tu entends le bruit qu'il fait, mais tu ne sais pas d'où il vient, ni où il va » (Jean 3 : 8). De toute évidence, Nicodème était perplexe. Jésus a continué d'une manière plus déroutante en résumant dans ce texte Sa mission : Il est la Parole de Dieu, et Il s'est fait un avec nous afin que nous puissions devenir un avec Lui, par le Saint-Esprit, et donc être sauvés.

Nous avons tous nos moments Nicodème où nous ne comprenons pas Jésus et Son œuvre. Comment se fait-il que nous puissions nous unir à Jésus en prenant la communion ? Il n'y a pas de réponse scientifique à cette question ; c'est pourquoi nous appelons la communion (appelée aussi Eucharistie, mot grec qui signifie littéralement « action de grâces ») un mystère : c'est le mystère majeur de l'Église, le mystère qui forme l'Église, avec le baptême et d'autres mystères. Lors de la Dernière Cène, Jésus nous a demandé de célébrer la sainte communion, nous disant qu'en prenant la sainte communion, nous serons un avec Lui et serons imprégnés de Sa vie. Nous ne pouvons que prendre des images de nos expériences quotidiennes pour aborder un tel mystère : par exemple, nous pourrions dire que comme la nourriture s'unit à nous, devient un avec nous, manger le « corps » de Jésus nous rend pareillement un avec Lui, nous unit avec lui ; et comme le sang rend une personne vivante, Son sang nous infusera de la vie éternelle. Bien sûr, cette explication se rapproche du mystère et ne constitue pas une preuve scientifique. Jésus nous a promis que la personne qui croit en lui et l'aime « obéira à ma parole et mon Père l'aimera. Nous viendrons à elle, mon Père et moi, et nous ferons notre demeure chez elle » (Jean 14 : 23), et ainsi « aura la vie éternelle ». Cette promesse s'est accomplie dans la communion.

Nous savons que Dieu a accompli sa promesse dans la sainte communion, mais a-t-il d'autres moyens de l'accomplir ? Qu'en est-il de ceux qui ne sont pas chrétiens ? Nous ne le savons pas, mais nous avons certainement l'espérance qu'ils rejoindront le royaume de Dieu. De notre vivant, nous ne pouvons que définir ce qui se trouve dans l'institution formelle de l'Église ; nous ne pouvons rien dire de ceux qui n'en sont pas membres. Nous ne sommes pas Dieu, et Dieu reste libre même des canaux (comme la sainte communion) qu'il a établis pour nous communiquer sa vie éternelle.

Le texte culmine avec une beauté sans pareille : « Dieu a tant aimé le monde qu'il a donné son Fils unique, afin que quiconque croit en lui ne périsse point, mais qu'il ait la vie éternelle. Dieu, en effet, n'a pas envoyé son Fils dans le monde pour qu'il juge le monde, mais pour que le monde soit sauvé par lui ». La relation de Dieu au monde est une relation d'amour, car Dieu est Amour. La manière d'être de Dieu est amour. Dieu ne nous condamne pas comme s'il était un juge ou une personne détachée ; au lieu de cela, il a envoyé son Fils pour devenir humain et témoigner, en actes et en paroles, de l'amour sans limite que Dieu a pour l'humanité, pour chacun de nous, pour moi, pour toi, pout lui et elle. Ce témoignage a atteint son apogée sur la croix. Par la mort du Christ sur la croix – une mort atroce par asphyxie – Dieu nous a révélé Son visage non comme un juge détaché mais comme un Amour qui se donne aux êtres aimés, Amour qui est prêt à mourir pour ceux qu'Il aime et qui leur offre la résurrection et la vie éternelle. Par le « Fils de l'homme élevé » sur la croix (Jean 3 : 14 ; 12 : 34), par son cri sur la croix : « Mon Dieu, mon Dieu, pourquoi m'as-tu abandonné ? » (Matthieu 27, 46), nous reconnaissons l'humanité du Christ, nous reconnaissons un Christ uni à nous : avec notre faim, notre soif, notre douleur, notre désespoir, nos maladies et notre isolement.

Jésus est toujours avec nous ; aujourd'hui, chaque jour, Il descend dans nos « enfers » pour que nous ressuscitions avec Lui. Il a vécu notre condition d'humains (sauf le péché) pour que nous puissions vivre sa condition de Dieu, par adoption, en partageant sa Vie sans, bien sûr, partager Sa nature.

La propre famille de Jésus a dit un jour qu'« il a perdu la tête » (Marc 3 : 21) ; à quel point est-ce isolant !? Dans nos moments les plus joyeux comme dans nos moments les plus sombres, nous pouvons être sûrs qu'Il n'est jamais éloigné, qu'Il vit nos joies et nos peines encore plus intensément que nous, qu'Il se tient à nos côtés, ne se contentant pas de partager nos expériences mais aussi en travaillant activement par le Saint-Esprit afin que nous surmontions ces expériences vivants et victorieux avec Lui.

Lorsque nous sommes « élevés » sur notre propre croix, n'oublions pas ses dernières paroles sur sa croix : « Père, je remets mon esprit entre tes mains » (Luc 23, 46). Nous pouvons être sûrs à chaque instant, à n'importe quel instant, que l'Amour de Dieu pour nous est infiniment plus que l'amour que nous avons pour nous-mêmes. Lorsque nous avons foi en lui, et donc lui tendons notre cœur dans la prière, dans le service des pauvres et des opprimés, dans nos relations compatissantes avec nos amis et nos proches, nous pouvons être sûrs que nous rencontrerons le visage de Dieu afin que nous sommes « sauvés par lui ».

3   GAGNER LE MONDE ET RENONCER À LA VIE ?
MARC 8 : 34-38, 9 : 1

Le Seigneur fit venir la foule avec ses disciples et il leur dit: "Si quelqu'un veut venir à ma suite, qu'il renonce à lui-même et prenne sa croix, et qu'il me suive. En effet, qui veut sauver sa vie, la perdra ; mais qui perdra sa vie à cause de moi et de l'évangile, la sauvera. Et quel avantage l'homme a-t-il à gagner le monde entier, s'il le paie de sa vie ? Que pourrait donner l'homme qui ait la valeur de sa vie ? Car si quelqu'un a honte de moi et de mes paroles au milieu de cette génération adultère et pécheresse, le Fils de l'homme aussi aura honte de lui, quand il viendra dans la gloire de son Père avec les saints anges." Et il leur disait : "En vérité je vous le déclare, parmi ceux qui sont ici, certains ne mourront pas avant de voir le règne de Dieu venu avec puissance.

COMMENTAIRE

Jésus annonce devant ses disciples qu'il va mourir et ressusciter, et un conflit éclate entre Pierre et Jésus, car Pierre blâme Jésus et Jésus le réprimande en utilisant des mots durs, l'appelant Satan : « car tes pensées ne sont pas celles de Dieu mais celles des êtres humain » (Marc 8 : 33).

Dans le texte, nous lisons que Jésus informe ses disciples, ainsi que ses disciples de toutes les époques, que le suivre n'est pas un chemin facile, car cela les mettra parfois en opposition avec les coutumes ou les idées de leurs sociétés, leurs proches, et leurs familles. La liberté en Christ a un prix. Le terme « se renier » ne signifie pas se traiter avec mépris ou s'infliger de la douleur ou du mal. Une telle attitude ne serait ni physiquement ni psychologiquement saine. Au contraire, la phrase souligne le fait que quiconque suit les pas de Jésus se mettra automatiquement en conflit avec des habitudes et des croyances sociales ou religieuses qui s'opposent aux commandements de Jésus. Par exemple, une société comme la nôtre accorde une grande valeur au consumérisme, et la foi chrétienne s'oppose au consumérisme : elle nous invite à changer notre mode de vie pour le rendre plus en harmonie avec Dieu, c'est-à-dire plus en harmonie avec la pratique de l'amour et de la charité active. Un autre exemple est la crise du COVID-19. Dans l'Église orthodoxe, la coutume est de prendre la sainte communion à l'aide d'une cuillère partagée par tous les paroissiens ; c'est une coutume religieuse, pas un élément de foi. En fait, les disciples, et après eux l'église pendant des centaines d'années, prenaient la communion à la main sans utiliser de cuillère et partageaient une tasse. Quand certains Chrétiennes et Chrétien suggèrent de trouver un moyen en harmonie avec la Tradition mais différent de la cuillère pour participer à la sainte communion, ce ne sont que des fidèles qui essaient de protéger la vie humaine et d'être fidèles à la Tradition, mais cela met automatiquement ce groupe de frères et des sœurs en conflit avec d'autres sœurs et frères qui pourraient penser à tort que communier à l'aide d'une seule cuillère est une obligation invariable, et que changer la façon dont nous prenons la sainte communion équivaut à une hérésie. Autre exemple, si nous suivons le commandement d'« aimer ton prochain » et la clarification de Jésus selon laquelle notre prochain n'est pas seulement quelqu'un avec qui nous partageons la même foi, mais toute personne dont nous faisons preuve de compassion et dont nous nous soucions (voir la parabole du bon

Samaritain), alors nous nous mettrons en conflit avec des personnes racistes, xénophobes, antisémites ou islamophobes.

Chaque conflit est une expérience dure, ressemblant en quelque sorte à la « mort » : mort des liens sociaux, d'une fausse amitié, d'un faux amour, d'une fausse foi. Lors d'un conflit avec des personnes que nous aimons, nous pouvons avoir l'impression que nous nous sommes reniés, que notre vie est perdue, que nous sommes seuls, et nous pouvons avoir peur et être anxieux. Nous ressentons de la douleur simplement en prenant des pas simples et courageuses pour témoigner d'une certaine vérité ; nous ressentons de la douleur, mais nous savons que ce témoignage nous garde unis avec Christ et vivants avec Lui. Les bons disciples de Jésus sont peut-être un « petit nombre de fidèles », mais ils ne sont pas seuls, ils appartiennent à la caravane de tous les fidèles de Jésus de tous les temps, la caravane de la lumière, la caravane des saints. Mais ils ne se considèrent pas meilleurs que les autres ; au lieu de cela, ils ressentent de la compassion pour ceux qui s'opposent à eux.

En rendant témoignage au Christ et en traversant cette multitude de morts, on est aussi fidèle à soi-même, on devient plus soi-même, fidèle à sa conscience et à ses croyances, à sa foi, à Jésus-Christ. On ne se perd pas dans cette série de morts ; au contraire, on grandit avec les autres jusqu'à « à la mesure de la plénitude du Christ » (Éphésiens 4 : 13), et on sait qu'on est ferme dans la vérité et « ne goûtera pas la mort », le Hadès du mensonge, de la non-communion avec Dieu et d'autres. En effet, « à quoi bon gagner le monde entier, si c'est au prix de sa vie ? » (Marc 8 : 36).

4 MÉTAMORPHOSE : LE COMMENCEMENT
LUC 5 : 1-11

Comme Jésus se trouvait auprès du lac de Génésareth, et que la foule se pressait autour de lui pour entendre la parole de Dieu, Il vit au bord du lac deux barques, d'où les pêcheurs étaient descendus pour laver leurs filets. Il monta dans l'une de ces barques, qui était à Simon, et il le pria de s'éloigner un peu de terre. Puis il s'assit, et de la barque il enseignait la foule. Lorsqu'il eut cessé de parler, il dit à Simon : Avance en pleine eau, et jetez vos filets pour Pêcher. Simon lui répondit : Maître, nous avons travaillé toute la nuit sans rien prendre mais, sur ta parole, je jetterai le filet. L'ayant jeté, ils prirent une grande quantité de poissons, et leur filet se rompait. Ils firent signe à leurs compagnons qui dans l'autre barque de venir les aider. Ils vinrent, et ils remplirent les deux barques au point qu'elles enfonçaient. Quand il vit cela, Simon, Pierre tomba aux genoux de Jésus, et dit : Seigneur retire – toi de moi, parce que je suis un homme pêcheur. Car l'épouvante l'avait saisi, lui et tous ceux qui étaient avec lui, à cause de la pêche qu'ils avaient faite. Il en était de même de Jacques et de Jean, fils de Zébédée, les associés de Simon. Alors Jésus dit à Simon Ne Crains point ; désormais tu seras pêcheur d'hommes. Et, ayant ramené les barques à terre, ils laissèrent tout, et le suivirent.

COMMENTAIRE

Jésus voulait être à distance des gens pour être vu de tous. Il a demandé à un certain pêcheur nommé Simon (Pierre) une faveur, de s'asseoir dans son bateau et d'éloigner un peu le bateau de la terre. Luc ne nous dit pas quel était l'enseignement de Jésus. Jésus a dû voir quelque chose chez ce pêcheur pour lui demander spécifiquement d'utiliser son bateau. La mission de Jésus semble irréaliste : prendre des pêcheurs comme disciples et aides dans une mission pour changer le monde !

Quand il eut fini d'enseigner le peuple, Jésus demanda à Pierre d'essayer à nouveau de pêcher, alors qu'il venait de rentrer d'un voyage de pêche qui avait été vain. Pierre expliqua la situation à Jésus et ajouta : « Mais sur ta parole, je jetterai les filets ». Il avait foi en la parole de Jésus. Il a dû être touché par l'enseignement de Jésus et a senti qu'il n'était pas un homme ordinaire. Pierre a essayé de pêcher à nouveau, et « leur filet se rompait ». Dieu donne abondamment, plus que ce que nous attendons. Pierre savait que cet homme extraordinaire reflétait la sainteté, et face à Lui, à Sa lumière, à Sa sainteté, Pierre a reconnu ses propres péchés : « Je suis un homme pécheur, ô Seigneur ». Il y a un certain tremblement et un certain effroi mêlé de respect devant la sainteté. La sainteté nous remplit d'effroi (« awe »), mais elle est admirable (« awsome »). En Anglais, les mots « awe » et « awesome » ont la même racine ; il y a toujours un certain effroi, une sorte de beauté effrayante, dans une expérience impressionnante qui dépasse nos attentes, une sorte de beauté écrasant. La sainteté induit en nous un tel sentiment, comme le fait la nature quand nous sentons en elle quelque chose qui nous dépasse.

Jésus demande à Pierre, Jacques et Jean de ne pas avoir peur. Il leur demande de le rejoindre dans un voyage, un voyage qui ne les laissera pas renier leurs identités (pêcheurs) mais qui les transformera. Ils resteront pêcheurs, mais ils utiliseront leur savoir-faire d'une manière nouvelle : « vous serez pêcheur d'hommes ». Un disciple en mission, comme un pêcheur, a besoin de connaître son environnement, d'être patient, de travailler en équipe, de coopérer, de planifier, d'endurer les échecs, de surmonter les défis, de traverser les tempêtes et de contempler le l'aube avec joie.

En présence de Dieu, dans l'amour du Christ, malgré nos péchés, n'ayons pas peur de le rejoindre dans les voyages auxquels il nous invite. Son amour est toujours accueillant. Sa présence nous ajoute ; et ne nous enlève rien. En sa présence, nous passerons par une expérience de métamorphose. Une métamorphose ne nie pas notre être humain mais le comble, le porte à son apogée.

En Christ, nous entrons dans une métamorphose de l'être, dans laquelle nous accomplissons nos dons ainsi que notre véritable désir : grandir de l'image de Dieu à sa ressemblance, et d'une façon similaire à Dieu vivre selon le mode de communion, le mode qui nous permet de respirer et grandir humainement et divinement.

5   AIMEZ VOS ENNEMIS
LUC 6 : 31-36

Le Seigneur dit : comme vous voulez que les hommes agissent envers vous, agissez de même envers eux. Si vous aimez qui vous aiment, quelle reconnaissance vous en a-t-on ? Car les pécheurs aussi aiment ceux qui les aiment. Et si vous faites du bien à ceux qui vous en font, quelle reconnaissance vous en a-t-on ? Les pécheurs eux-mêmes en font autant. Et si vous prêtez à ceux dont vous espérez qu'ils vous rendent, quelle reconnaissance vous en a-t-on ? Même des pécheurs prêtent aux pécheurs pour qu'on leur rende l'équivalent. Mais aimez vos ennemis, faites du bien et prêtez sans rien espérer en retour. Alors votre récompense sera grande, et vous serez les fils du Très-Haut, car il est bon, lui, pour les ingrats et les méchants. Soyez généreux comme votre Père est généreux.

COMMENTAIRE

Aujourd'hui encore, la règle traditionnelle « œil pour œil » s'applique, ainsi qu'une tendance générale à aimer ceux qui nous aiment et à haïr ceux qui nous haïssent ; cela peut être résumé comme « faites aux autres ce qu'ils vous font ».

Dans ses déclarations, Jésus donne aux disciples, et à nous, un nouvel enseignement, un enseignement « scandaleux » du point de vue traditionnel des sociétés et des groupes religieux : traitez les autres comme vous voudriez être traité, et aimez ceux qui ne vous sont pas apparentés, « car les pécheurs aussi aiment ceux qui les aiment ». Au lieu de « pécheurs », Matthieu mentionne des « collecteurs d'impôts » (ou publicains). Les collecteurs d'impôts de l'époque exploitaient les gens en collectant plus que ce qui était exigé par l'Empire romain pour garder une partie pour eux-mêmes, et ils travaillaient avec les autorités romaines, considérées comme des ennemies pour la communauté de Jésus en Palestine. Ainsi, les collecteurs d'impôts étaient considérés à la fois comme des corrompus et des traîtres, comme des pécheurs, et étaient détestés par le peuple. Jésus a provoqué un scandale lorsqu'il a accepté l'invitation d'un publicain, Zachée.

Généralement, les pécheurs à un certain moment sont ceux qui se comportent en opposition avec Dieu ; ce sont ceux qui n'orientent pas leur cœur vers Dieu, n'adorent pas Dieu et adorent plutôt des idoles : adorent eux-mêmes (pratiquent l'autoritarisme et la cupidité), adorent les autres (tels que les dirigeants politiques et/ou religieux), ou adorent un moi collectif (tels qu'une secte religieuse, un parti politique, un clan social) ou encore des concepts (une nation, une religion). Ceux qui appartiennent officiellement à l'Église peuvent ne pas vraiment connaître Dieu s'ils ne l'adorent pas en actes ; si, au lieu d'adorer Dieu, ils adorent eux-mêmes, des moi collectifs, d'autres personnes et des concepts. Ce faisant, ils aliènent les personnes « extérieures » et rejettent celles qui sont « différentes ».

Tous les groupes religieux et culturels peuvent succomber à cette tentation : d'avoir une conscience fermée et d'appliquer les valeurs morales uniquement avec les personnes qui sont « à l'intérieur ». Jésus dit ici qu'une conscience fermée est une idolâtrie, est l'expression d'un cœur qui descend dans l'abîme de l'enfer du moi fermé, une attitude auto-contemplative dans un état de narcissisme personnel et/ou collectif. C'est pourquoi, ailleurs, Jésus a dit que « beaucoup qui sont maintenant les premiers seront les derniers et beaucoup qui sont maintenant les derniers seront les premiers » (Matthieu 19 : 30) ;

beaucoup de ceux que nous rejetons « dehors » sont considérés par Jésus comme étant « dedans », sont accueillis par Jésus, et seront dans Son royaume.

Jésus nous pousse à aller au-delà de ce qui est habituellement considéré comme une réaction « naturelle » : aimer qui vous aime et haïr qui vous hait. Il nous demande d'élargir nos esprits et nos cœurs : « Soyez pleins de bonté comme votre Père est plein de bonté » (Luc 6 : 36). Le mot bonté est traduit aussi par « miséricorde », or le mot «miséricorde» dans des langues comme l'Hébreu et l'Arabe partage sa racine avec le mot «utérus» (miséricordieux est « rahim » et utérus est « raham » en Arabe). L'utérus est élastique, il s'agrandit pour accueillir une nouvelle personne et lui donne vie. En nous demandant d'être miséricordieux, Jésus nous demande d'élargir nos cœurs et nos esprits pour accueillir en nous de nouvelles personnes, en particulier des personnes différentes. Cela leur donnera une chance de naître en tant que prochains dans nos cœurs, et à nous une chance de naître en tant que « nouvelle création » (2 Corinthiens 5 : 17 ; Galates 6 : 15), comme Jésus l'a souligné dans la parabole du bon Samaritain : ces gens avec qui nous faisons du bien, que nous acceptons dans nos cœurs, avec qui nous devenons compatissants, deviennent nos prochains et notre famille (Luc 10 : 25-37). Être miséricordieux nous permettra de garder d'autres personnes dans nos cœurs et nos esprits et de leur donner, ainsi que nous donner, une chance de naître du « matrice » de Dieu en tant que voisins, sœurs et frères, enfants de Dieu. Nous naissons d'abord de l'eau des utérus de nos mères, puis de la profondeur de l'eau du baptême, et nous devons continuer notre naissance « d'en haut » de la profondeur de l'Esprit Saint qui guide nos cœurs. C'est un processus de repentance de l'ancien mode de vie vers un nouveau mode de vie, de l'ancienne orientation du cœur vers une nouvelle, de l'ancien comportement vers un nouveau ; nous invoquons chaque fois l'Esprit Saint pour demander un soutien afin que nous élargissions nos cœurs pour accueillir l'autre et devenir ensemble enfants de Dieu (Jean 3 : 3).

En dernière analyse, les disciples de Jésus sont ceux qui aiment

Dieu et les autres ; ce sont ceux qui recherchent l'union qui respecte l'altérité, une union « sans confusion ni changement, sans division ni séparation » (comme l'a dit le Concile de Chalcédoine à propos des natures divine et humaine du Christ), une union à l'image de la Trinité. Les enfants de Dieu sont ceux qui recherchent une relation trinitaire dans leur vie. Le Corps mystérieux du Christ rassemblera tous ceux qui vivent sur le mode de l'amour (au sens large du terme).

Nous savons que l'Église est le chemin pavé du salut ; nous la chérissons, nous lui sommes fidèles, nous savons que le Saint-Esprit atteint chaque cœur, et nous espérons que chaque cœur coopérera avec le Saint-Esprit et acceptera d'être guidé vers Dieu. Dans ce monde actuel, nous pouvons savoir ce qui n'est pas dans l'Église visible comme institution (par exemple, ceux qui ne sont pas baptisés n'y sont pas), mais nous ne pouvons pas prétendre savoir qui est, ou qui n'est pas, dans l'Église comme Corps du Christ. Nous ne pouvons pas prétendre savoir qui est en dehors du royaume de Dieu et qui est à l'intérieur.

6   COMPASSION
LUC 7 : 11-16

En ce temps-là, Jésus se rendit ensuite dans une ville appelée Naïn. Ses disciples faisaient route avec lui, ainsi qu'une grande foule. Quand il arriva près de la porte de la ville, on portait tout juste en terre un mort, un fils unique dont la mère était veuve, et une foule considérable de la ville accompagnait celle-ci. En la voyant, le Seigneur fut pris de pitié pour elle et il lui dit : Ne pleure plus. Il s'avança et toucha la civière ; ceux qui la portaient s'arrêtèrent ; et il dit : Jeune homme, je te l'ordonne, réveille-toi. Alors le mort s'assit et se mit à parler. Et Jésus le rendit à sa mère. Tous furent saisis de crainte, et ils rendaient gloire à Dieu en disant : Un grand prophète s'est levé parmi nous et Dieu a visité son peuple.

COMMENTAIRE

La mort d'un enfant est le pire cauchemar d'un parent ; cette peur était étroitement liée au langage dans certaines cultures à tel point que lorsqu'une mère câline son enfant, elle dira : « Que tu puisses m'enterrer », le sens implicite étant « Que tu puisses me survivre », et si l'on doit (et ose) l'écrire, « Que je ne puisse ne jamais avoir à t'enterrer ».

Nous pouvons donc imaginer ce qu'une mère d'un enfant unique a dû ressentir lorsque son enfant est mort, et ce qu'elle a pu vivre lorsqu'elle était aux funérailles de son fils unique. Nous ne savons rien de ce fils ; il n'est mentionné que par rapport à sa mère : « fils unique dont la mère était veuve ». La mère est la figure centrale ; son état est la question centrale. Quand Jésus a vu la mère, il « fut pris de pitié pour elle ». Il était profondément ému et voulait arrêter la douleur de la mère : « ne pleure plus ». Il a agi en touchant la civière. Pour les Hébreux, toucher un cadavre rend la personne impure ; il en va de même pour les pertes corporelles telles que les menstruations (par exemple, la femme « qui souffrait de pertes de sang depuis douze ans » dans Luc 8 : 43) et les maladies de la peau telles que la lèpre (Nombres 9 : 11). Jésus a provoqué le scandale dans sa société lorsqu'il s'est opposé aux croyances religieuses, a touché les lépreux, a accompli des miracles le jour du sabbat et a touché ici la civière. Jésus a dit un jour que l'impureté ne vient pas de l'extérieur mais de l'intérieur, des pensées et des actions intentionnelles : « ce n'est pas ce qui entre dans la bouche d'une personne qui la rend impure. Mais ce qui sort de sa bouche, voilà ce qui la rend impure » (Matthieu 15 : 11) ; « C'est ce qui sort d'une personne qui la rend impure. Car c'est du dedans, du cœur de l'être humain, que viennent les mauvaises pensées » (Marc 7 : 20-21).

En quelques mots, « je te l'ordonne, réveille-toi », les morts revinrent à la vie. Jésus accomplit un miracle par compassion, et le miracle reflète son identité : Il n'est pas un homme ordinaire, Il est le Christ. L'homme est ressuscité des morts et s'est mis à parler, et Jésus « le rendit à sa mère ». Jésus est l'acteur principal. Le côté prophétique de Jésus est révélé (« un grand prophète »), et Il est perçu comme l'incarnation de la présence de Dieu parmi Son peuple.

Jésus entre dans l'expérience humaine de la douleur, dans nos vies tragiques, pour les transformer en joie, pour répandre la vie là où il y a la mort. La victoire finale sur la mort n'est pas encore là ; elle sera annoncée par le corps de Jésus déposé sur la croix, par son amour victorieux, par sa descente victorieuse aux enfers pour libérer les morts, vainquant la mort par sa mort et sa résurrection. En ressuscitant ce « fils de sa mère » qui est mort, Jésus a donné à cette mère dévastée un avant-goût de la joie de la résurrection qu'il a partagée avec nous tous.

Jésus frappe toujours à la porte de nos cœurs, de nos vies : « je me tiens à la porte et je frappe ; si quelqu'un entend ma voix et ouvre la porte, j'entrerai chez lui, je prendrai un repas avec lui et lui avec moi » (Apocalypse 3 : 20). *Si* nous lui ouvrons nos portes fermées, Lui qui est en nous, Lui qui est autour de nous dans la beauté du monde, Lui qui ne fait qu'un avec les pauvres et les opprimés, Lui qui est dans ceux qui sont *aliéné* par les sociétés et les groupes, alors nous ne sommes pas seuls, alors nous le trouverons, seulement *si*.

Il a seulement besoin de notre libre arbitre pour coopérer avec Lui pour qu'Il piétine la mort dans le monde avec nous en tant que ses messagers et collaborateurs, et piétine la mort en nous, et fournit à toutes et à tous une vie éternelle d'amour et de communion.

7   LA PARABOLE DU SEMEUR
LUC 8 : 5-15

Jésus dit en parabole: "Le semeur est sorti pour semer sa semence. Comme il semait, du grain est tombé au bord du chemin : On l'a piétiné et les oiseaux du ciel ont tout mangé. D'autre grain est tombé sur la pierre ; il a poussé et séché, faute d'humidité. D'autre grain est tombé au milieu des épines ; en poussant avec lui, les épines l'ont étouffé. D'autre grain est tombé dans la bonne terre ; il a poussé et produit du fruit au centuple." Sur quoi Jésus s'écria : "Celui qui a des oreilles pour entendre, qu'il entend !" Ses disciples lui demandèrent ce que signifiait cette parabole. Il dit : "A vous il est donné de connaître les mystères du royaume de Dieu ; mais pour les autres, c'est en paraboles, pour qu'ils voient sans voir et qu'ils entendent sans comprendre." Et voici ce que signifie la parabole la semence, c'est la parole de Dieu. Ceux qui sont au bord du chemin, ce sont ceux qui entendent, puis vient le diable et il enlève la parole de leur cœur, de peur qu'ils ne croient et ne soient sauvés. Ceux qui sont sur la pierre, ce sont ceux qui accueillent la parole avec joie lorsqu'ils l'entendent ; mais ils n'ont pas de racines : pendant un moment ils croient, mais au moment de la tentation ils abandonnent. Ce qui est tombé dans les épines, ce sont ceux qui entendent et qui, du fait des soucis, des richesses et des plaisirs de la vie sont étouffés en cours de route et n'arrivent pas à maturité. Ce qui est dans la bonne terre, ce sont ceux qui entendent la parole dans un cœur loyal et bon, qui la retiennent et portent du fruit à force de persévérance.

COMMENTAIRE

Les comptes sont des outils culturels importants qui sont utilisés par les sociétés depuis des milliers d'années pour transmettre des leçons de vie ou des sagesses. Les paraboles sont de courtes histoires qui ont été utilisées par Jésus pour transmettre des vérités sur le type de relation et de comportement qui nous aide à être avec Dieu, au royaume de Dieu. Une parabole n'est pas une métaphore où chaque détail est symbolique et a un sens. Dans une parabole, l'important est le sens de l'histoire entière ; les détails de l'histoire préparent le terrain pour communiquer le sens principal et n'ont pas nécessairement une certaine signification. Saint Jean Chrysostome a écrit un jour qu'« il n'est pas nécessaire d'analyser chaque mot d'une parabole ; lorsque nous reconnaissons le but pour lequel la parabole a été donnée, nous aurions atteint notre destination, et il n'est pas nécessaire de développer davantage »[1].

« De chaque ville, des gens venaient à Jésus. Comme une grande foule s'assemblait, il dit cette parabole » (Luc 8 : 4). De nombreuses personnes étaient présentes, mais la parabole semblait très déroutante au point que même les disciples ont interrogé Jésus sur sa signification. – donc, très probablement, personne n'a compris sa signification. Il semble que Jésus ait utilisé la parabole de manière à dissimuler le véritable sens au lieu de le révéler. Cette attitude de Jésus est surprenante. Deux éléments pourraient expliquer son attitude : le premier est que beaucoup de gens sont devenus ennemis de Jésus, principalement les pharisiens qu'il a critiqués avec virulence, alors il aurait pu vouloir éviter une autre attaque à ce moment-là ; la seconde est que les gens attendaient un Messie qui utilise la violence pour établir un royaume terrestre, et donc ils n'étaient pas intéressés par le message de Jésus - au lieu de cela, ils étaient intéressés à le détourner pour l'utiliser à leurs propres fins. Au lieu de changer leur cœur, ils étaient intéressés à changer le message de Jésus, et Jésus voulait surtout éviter toute tentative de déformer Son message. Jésus recourt au prophète Esaïe pour expliquer exactement ce point : « pour qu'ils voient sans voir et qu'ils entendent sans comprendre ». Les versets complets d'Esaïe sont « Va dire à ce peuple : "Vous aurez beau écouter, vous n'entendrez pas. Vous aurez beau regarder, vous ne verrez pas." Rends-les donc insensibles, durs d'oreille et aveugles ; empêche leurs yeux de voir, leurs oreilles d'entendre et leur intelligence de comprendre, sinon ils reviendraient à moi et ils seraient guéris » (Esaïe 6 : 9-10). Jésus explique que les gens ont endurci leur cœur, sont devenus insensibles au message de Dieu et ne peuvent plus comprendre Jésus.

Jésus met ses disciples à part : « A vous il est donné de connaître les mystères du royaume de Dieu » (Luc 8 : 10). Ce n'est pas que les disciples pouvaient mieux comprendre Jésus - le texte montre qu'ils ne comprenaient pas Jésus mieux que les autres - mais ils sont prêts à écouter et à changer, ils sont ouverts à Ses paroles, et leurs volontés sont prêtes à coopérer avec sa volonté. Dieu ne peut pas forcer une personne à ouvrir son cœur. Par amour, Dieu respecte notre libre arbitre. Notre salut dépend de la coopération de notre libre arbitre avec la grâce de Dieu, dans la synergie entre nous et Dieu.

Jésus explique le sens de la parabole, et la clé de celui-ci est le sens de la semence : « la semence c'est la parole de Dieu » (Luc 8 : 11). Ensuite, le reste est précisé. Il ne suffit pas que les gens reçoivent la Parole uniquement dans la joie, sans la nourrir pour qu'elle s'enracine dans leur cœur, car dans les moments de tentation ils s'en éloignent. C'est un message très important pour les lecteurs chrétiens de Luc, car à leur époque – vers 85 après JC à l'époque de l'empereur romain Domitien – la persécution des chrétiens avait commencé et la tentation de renoncer au Christ était forte. La même tentation est forte aujourd'hui, même si elle est plus subtile : nous sommes tentés de renoncer au Christ dans nos paroles et nos actions chaque fois que nous hésitons, par peur, à témoigner pour la justice, pour une paix fondée sur la justice, pour la vérité. Nous sommes tentés de renoncer au Christ et de nous asservir, lentement et silencieusement, aux pouvoirs de ce monde : pouvoirs au travail, à l'église, à la maison, en politique, dans les organisations communautaires, dans la société.

Ensuite, Jésus explique aux disciples qu'il ne suffit pas aussi d'entendre la Parole pour ensuite l'oublier et s'étouffer avec les « soucis, des richesses et des plaisirs de la vie » ; en fait, ces soucis nous étouffent s'ils deviennent notre intérêt essentiel. L'argent est important pour notre survie, le travail et les réalisations sont importants pour nous de vivre et d'être heureux dans l'avancement de nos capacités, les plaisirs sont importants pour notre joie ; mais ni argent ni travail ni plaisirs ne sont la raison pour laquelle nous vivons. Nous ne vivons pas pour l'argent, ni pour le travail, ni pour les réalisations, ni pour les plaisirs ; nous vivons pour un sens, et le sens proclamé par Jésus réside dans le mode de vie qu'est l'amour, un mode de vie qui nous permet d'établir une relation d'union avec les autres humains et avec Dieu, l'Autre par excellence, tout en respectant l'unicité personnelle de chacun. Ce mode de vie est à l'image du mode de vie de la trinité : union complète dans le respect complet de l'unicité de chacun. En acceptant Jésus et l'Esprit Saint qu'Il envoie, nous pouvons vivre à la ressemblance de Dieu, nous nous engageons dans un cheminement de vie pour que notre amour devienne comme Son amour, nous réalisons notre désir intérieur de communion qui permet à « l'eau de vie » de jaillir de nos cœurs et devenir en nous « une source d'eau qui jaillira jusque dans la vie éternelle » (Jean 4 : 14).

Après avoir accepté la Parole, la patience nous permettra de lui porter du fruit. Comme toute autre relation, la vie avec Jésus demande des efforts, des soins et de la patience pour entretenir la flamme de notre amour afin que la relation ne se dessèche pas et ne se fossilise pas.

« Celui qui a des oreilles pour entendre, qu'il entend » Dieu s'est donné à nous, et c'est à nous de le recevoir ou non, de prendre soin ou non de notre communion avec lui et avec les autres. Parfois, nous

« manquons le but » (nous péchons), mais ce n'est pas la fin. Dieu nous aide et nous reçoit toujours si nous voulons changer nos habitudes, nous repentir et exercer un effort pour prendre à nouveau soin de notre communion avec lui et avec les autres.

8   UN HOMME GUÉRI
LUC 8 : 26-39

Comme il descendait à terre, vint à sa rencontre un homme de la ville qui avait des démons. Depuis longtemps il ne portait plus de vêtement et ne demeurait pas dans une maison mais dans les tombeaux. A la vue de Jésus, il se jeta à ses pieds en poussant des cris et dit d'une voix forte : De quoi te mêles-tu, Jésus, Fils du Dieu Très Haut ? Je t'en prie, ne me tourmente pas. Jésus ordonnait en effet à l'esprit impur de sortir de cet homme. Car bien des fois il s'était emparé de lui ; on le liait, pour le garder, avec des chaînes et des entraves ; mais il brisait ses liens et il était poussé par le démon vers les lieux déserts. Jésus l'interrogea ; Quel est ton nom ? - Légion répondit-il, car de nombreux démons étaient entrés en lui. Et ils le suppliaient de ne pas leur ordonner de s'en aller dans l'abîme. Or il y avait là un troupeau considérable de porcs en train de paître dans la montagne. Les démons supplièrent Jésus de leur permettre d'entrer dans ces porcs. Il le leur permit. Les démons sortirent de l'homme, ils entrèrent dans les porcs et le troupeau se précipita du haut de l'escarpement dans le lac et s'y noya. A la vue de ce qui était arrivé, les gardiens prirent la fuite et rapportèrent la chose dans la ville et dans les hameaux. Les gens s'en vinrent pour voir ce qui s'était passé. Ils arrivèrent auprès de Jésus et trouvèrent, assis à ses pieds, l'homme dont les démons étaient sortis qui était vêtu et dans son bon sens, et ils furent saisis de crainte. Ceux qui avaient vu leur rapportèrent comment celui qui était démoniaque avait été sauvé. Alors, toute la population de la région des Gergéséniens demanda à Jésus de s'éloigner d'eux, car ils étaient en proie à une grande crainte ; et lui monta en barque et s'en retourna. L'homme dont les démons étaient sortis le sollicitait ; il demandait à être avec lui. Mais Jésus le renvoya en disant : Retourne dans ta maison et raconte tout ce que Dieu a fait pour toi. Et l'homme s'en alla, proclamant par toute la ville tout ce que Jésus avait fait pour lui.

COMMENTAIRE

Ce texte contient les empreintes du style de narration de l'évangéliste Marc : plein de détails, confus (allers et retours dans la séquence des événements), rafraîchissant et vivant.

Nous sommes devant un homme malade ; nous ne pouvons pas savoir quelle a pu être sa maladie physique ou psychologique, mais nous savons qu'il est en captivité et en isolement social : lié de chaînes et de fers, il a été conduit dans le désert, a vécu parmi les tombes, ne portait pas de vêtements, était seul et déconnecté de la société. Il vit aussi une certaine fragmentation interne : « Quel est ton nom ? - Légion répondit-il, car de nombreux démons étaient entrés en lui ». Il y a une contradiction entre le « mon » et le « nous », et le mot « légion » signifiait un groupe d'armées romaines de six mille hommes. Nous sommes face à un être humain fragmenté, isolé et enchaîné.

Les « esprits impurs » ont une connaissance spirituelle ; ils reconnaissent l'identité divine de Jésus et l'appellent le « Fils du Dieu Très-Haut ». La faiblesse de ces esprits est évidente en implorant Jésus de ne pas les tourmenter ; cela est également évident dans le fait que Jésus a demandé : « Quel est ton nom ? ». Seule une personne avec plus de pouvoir demande le nom d'une autre ; c'était vrai dans la culture sémitique de l'époque, comme c'est vrai dans notre culture aujourd'hui, même si nous ne le remarquons pas : en nommant nos animaux de compagnie, nous exerçons un pouvoir sur eux. Même en sciences sociales, on reconnaît que connaître le nom d'une autre personne, c'est avoir un pouvoir sur elle. C'est pourquoi Dieu a refusé de donner une réponse à la demande de Moise d'avoir un nom pour Dieu, et lui a donné un nom qui ne définit pas Dieu, qui maintient Dieu au-dessus du pouvoir humain : « Je suis qui je suis » fut la réponse de Dieu, qui est le sens littéral du mot « Yahweh » (Exode 3 :13-14).

Jésus a ordonné aux esprits de partir, et ils sont entrés dans un groupe de porcs - un animal typiquement impur dans la tradition des Hébreux - et les animaux se sont noyés dans le lac. L'eau était connue pour être un lieu du mal dans la culture de cette époque.

Lorsqu'il prêchait dans une communauté d'Hébreux, Jésus voulait éviter les réactions de personnes qui ne comprenaient pas la nature de sa mission messianique, alors il ordonnait aux « esprits impurs » de se taire sur son identité messianique, et il instruisait les personnes qu'il guérissait de ne parler à personne au sujet du miracle qu'il avait accompli pour eux. Ici, dans ce texte, Jésus est dans une région païenne, il n'y a donc pas de place pour l'incompréhension ; il n'y a qu'une opportunité pour une nouvelle connaissance, la connaissance de Dieu.

Cependant, les gens des environs n'aimaient pas ce que Jésus avait fait ; ils avaient perdu le troupeau de porcs, et ils ont préféré entretenir la souffrance de cet homme pour conserver leur gain matériel. D'une certaine manière, ils ressemblent au grand prêtre Caïphe, qui préférait qu'un homme innocent (Jésus) meure plutôt que l'autorité religieuse, et la conformité du groupe, soient ébranlées.

Nous aussi, nous devons être vigilants pour ne pas ressembler à Caïphe et préférer entretenir la douleur d'une personne qui a été abusée psychologiquement ou sexuellement dans l'Église, juste pour la « réputation » du « groupe » et « l'image » fallacieuse de l'autorité religieuse à être sauvé. Aussi, nous devons être vigilants pour ne pas privilégier le gain matériel sur la libération des personnes et la vie : la nôtre, celle de notre famille, ou des autres : Il n'y a rien de chrétien à se « vendre », à sacrifier sa vie de famille ou à exploiter des employés, des amis ou des membres de sa famille, pour ne citer que quelques comportements qui risquent de mettre en péril notre joie, notre salut, notre amitié avec Dieu. Nous devons être vigilants pour ne pas préférer les hymnes démoniaques d'une société de consommation qui noie notre vrai désir d'une vraie vie, une vie de communion les uns avec les autres et avec Dieu, dans une mer de faux « besoins ».

A la fin, Jésus rétablit la paix : les mauvais esprits sont vaincus et l'homme est guéri, se rhabille et retourne dans la société. Jésus est le vainqueur.

9   UNE HUMANITÉ BLESSÉE
LUC 8 : 41-56

En ce temps-là, arriva un homme du nom de Jaïre ; il était chef de la synagogue. Tombant aux pieds de Jésus, il le suppliait de venir dans sa maison, parce qu'il avait une fille unique, d'environ douze ans, qui était mourante. Pendant que Jésus s'y rendait, les gens le serraient à l'étouffer. Il y avait là une femme qui souffrait d'hémorragie depuis douze ans ; elle avait dépensé tout son avoir en médecins et aucun n'avait pu la guérir. Elle s'approcha par derrière, toucha la frange de son vêtement et, à l'instant même, son hémorragie s'arrêta. Jésus demanda qui est celui qui m'a touché ? Comme tous s'en défendaient, Pierre dit : Maître, ce sont les gens qui te serrent et te pressent. Mais Jésus dit : quelqu'un m'a touché ; j'ai bien senti qu'une force était sortie de moi. Voyant qu'elle n'avait pu passer inaperçue, la femme vint en tremblant se jeter à ses pieds ; elle raconta devant tout le peuple pour quel motif elle l'avait touché, et comment elle avait été guérie à l'instant même. Alors il lui dit : Ma fille, ta foi t'a sauvée. Va en paix. Il parlait encore quand arriva de chez le chef de synagogue quelqu'un qui dit : Ta fille est morte. N'ennuie plus le maître. Mais Jésus, qui avait entendu, dit à Jaïre : Sois sans crainte ; crois seulement et elle sera sauvée. À son arrivée à la maison, il ne laissa entrer avec lui que Pierre, Jean et Jacques, avec le père et la mère de l'enfant. Tous pleuraient et se lamentaient sur elle. Jésus dit : Ne pleurez pas ; elle n'est pas morte, elle dort. Et ils se moquaient de lui, car ils savaient qu'elle était morte. Mais lui, prenant sa main, l'appela : Mon enfant, réveille-toi. Son esprit revint et elle se leva à l'instant même. Et il enjoignit de lui donner à manger. Ses parents furent bouleversés ; et il leur ordonna de ne dire à personne ce qui était arrivé.

COMMENTAIRE

Marc raconte deux histoires de deux femmes : une qui était malade depuis douze ans et une qui avait douze ans. Les deux femmes étaient considérées par les Hébreux comme impures : l'une à cause de l'écoulement du sang et l'autre parce qu'elle était morte (Nombres 9 : 10-11).

Dans les deux cas, la foi joue un rôle majeur. La foi semble être une condition pour un miracle. Dans le premier cas, le miracle a été accompli à cause de la foi ; Jésus a senti qu'« une force était sortie de lui » après que le miracle eut été accompli. La foi de la femme a appelé la miséricorde de Dieu, et sa foi a été exaucée. Dans le second cas, c'est la foi du père de la fille décédée qui lui a profité. Nous pouvons prier pour un miracle pour quelqu'un d'autre, même si l'autre ne croit pas au Christ, même si l'autre est mort (au sens réel comme au sens figuré). Par notre foi, nous espérons que l'autre personne bénéficie de la puissance et de la miséricorde de Dieu.

Selon les écritures de l'Ancien Testament, la femme n'était pas censée toucher Jésus parce qu'elle était considérée comme impure. Elle a transgressé une loi religieuse, mais Jésus ne l'a pas réprimandée. Il a dû saluer son courage et sa foi en Lui, sa foi qui lui a permis de surmonter la lettre de la loi ; en effet, « ce qui est écrit mène à la mort, mais le souffle de l'Esprit mène à la vie » (2 Corinthiens 3 : 6).

Face au fait de la mort de la jeune fille, les gens pleuraient. La mort d'un enfant est une douleur sans comparaison. Ils ont ri quand Jésus a dit qu'elle ne faisait que dormir ; ils étaient sûrs qu'elle était morte. Jésus ne permet pas aux personnes qui le suivent d'entrer dans la maison ; Il sait que les gens n'étaient pas prêts à voir un acte messianique par excellence : ressusciter une personne d'entre les morts. Jésus a toujours tenu à ne pas exciter la foule dont la vision du Messie était éloignée des voies de Dieu : « ce que je pense n'a rien de commun avec ce que vous pensez, et vos façons d'agir n'ont rien de commun avec les miennes », dit Dieu dans Esaïe (55 : 8).

« Mon enfant, réveille-toi ». L'acte est messianique et aussi prophétique, car il préfigure la propre résurrection de Jésus.

« Elle se leva à l'instant même », et il leur a ordonné de lui donner quelque chose à manger. Jésus a donné la vie, et c'est maintenant la responsabilité des gens d'en prendre soin, de la nourrir, comme une expression de leur amour de la vie que Dieu a donnée. De plus, en ordonnant aux gens de donner de la nourriture à la fille, Jésus s'est assuré qu'ils vérifieraient qu'il s'agissait bien d'elle et qu'ils n'imaginaient pas ou ne voyaient pas une illusion. Et comme c'était la coutume pour Jésus, il « il leur ordonna de ne dire à personne ce qui était arrivé ».

Notre humanité est blessée. Le sang coule continuellement de notre civilisation, de nos systèmes économiques et sociaux : guerres, exploitation, tuerie, oppression, génocide culturel, torture, violence contre les femmes et les enfants, harassement et abus sexuels… Notre humanité blessée a besoin de toucher Jésus pour guérir ; notre rencontre avec Jésus nous guérit, et avec Lui nous participons à la guérison de notre civilisation, nous participons à son projet d'établir le royaume de Dieu dans « l'ici et le maintenant », d'établir une civilisation non de consommation mais de communion, non de capital mais d'amour.

10 L'HOMME RICHE ET LAZARE
LUC 16 : 19-31

Il y avait un homme riche qui s'habillait de pourpre et de linge fin et qui faisait chaque jour de brillants festins. Un pauvre du nom de Lazare gisait couvert d'ulcères au porche de sa demeure. Il aurait bien voulu se rassasier de ce qui tombait de la table du riche ; mais c'étaient plutôt les chiens qui venaient lécher ses ulcères. Or le pauvre mourut et fut emporté par les anges au côté d'Abraham ; le riche mourut aussi et fut enterré. Au séjour des morts, comme il était à la torture, il leva les yeux et vit de loin Abraham avec Lazare à ses côtés. Alors il s'écria : "Abraham, mon père, aie pitié de moi et envoie Lazare tremper le bout de son doigt dans l'eau pour me rafraîchir la langue, car je souffre le supplice dans ces flammes". Abraham lui dit : "Mon enfant, souviens- toi que tu as reçu ton bonheur durant ta vie, comme Lazare le malheur ; et maintenant il trouve ici la consolation, et toi la souffrance. De plus, entre vous et nous, il a été disposé un grand abîme pour que ceux qui voudraient passer d'ici vers vous ne le puissent pas et que, de là non plus, on ne traverse pas vers nous". Le riche dit : "Je te prie alors, père, d'envoyer Lazare dans la maison de mon père, car j'ai cinq frères. Qu'il les avertisse pour qu'ils ne viennent pas, eux aussi, dans ce lieu de torture". Abraham lui dit : "Ils ont Moïse et les prophètes, qu'ils les écoutent". L'autre reprit : "Non, Abraham, mon père, mais si quelqu'un vient à eux de chez les morts, ils se convertiront". Abraham lui dit : "S'ils n'écoutent pas Moïse, ni les prophètes, même si quelqu'un ressuscite des morts, ils ne seront pas convaincus".

COMMENTAIRE

Devant sa porte chaque jour, un homme riche a vu, Lazare, un homme pauvre et malade, mais l'homme riche n'a jamais essayé d'aider le pauvre. Il festoyait somptueusement mais ne se souciait jamais de nourrir Lazare. Pour le riche, l'homme pauvre était inexistant, tandis que les chiens avaient pitié du pauvre et essayaient de l'aider à leur manière en lui léchant les plaies. Lécher une plaie est une réaction instinctive pour nous, les humains, ainsi que pour les chiens, car cela aide à la cicatrisation d'une plaie. Cependant, trop de léchage provoque des brûlures. Les chiens ont ressenti de la compassion, contrairement à l'homme riche. Le pauvre homme était si malade qu'il ne pouvait obtenir ni nourriture ni médicaments, il ne pouvait donc pas changer ses conditions de vie. C'est une réalité quotidienne dans notre société ; le cycle de la pauvreté est très difficile à briser sans assistance. Contribuons-nous à briser les chaînes de la pauvreté dans la vie des gens, ou sommes-nous insensibles à leur pauvreté et misère ? C'est la vraie question personnelle que nous pose ce texte.

Hadès, ou « séjour des morts », est un nom qui indique un après-mort, « où » les âmes attendent le jugement final. Après la mort, les situations de Lazare et de l'homme riche se sont inversées. Selon l'enseignement religieux traditionnel du temps de Jésus, Lazare, étant pauvre et malade, aurait été perçu par ceux qui écoutaient Jésus comme un pécheur qui aurait dû être tourmenté après la mort. Jésus changeait des concepts enracinés et, ce faisant, il choquait ses auditeurs ; Il a dit à ceux qui l'entouraient qu'après la mort, l'homme riche était tourmenté et que Lazare était dans un état de joie. Le but de la parabole n'est pas de dire que chaque homme riche sera tourmenté après sa mort et que chaque homme pauvre sera joyeux. Il ne s'agit pas de combien d'argent on a ; il s'agit des actions et du type de relation qu'une personne entretient avec elle-même, avec les autres et avec le monde. L'homme riche ne s'intéresse qu'à ses propres plaisirs, a un mépris total pour ses semblables, se désintéresse de leur sort, s'abstient de partager quoi que ce soit avec ceux qui sont dans le besoin (représenté par Lazare). Jésus n'a donné aucun nom à l'homme riche - il pourrait être n'importe qui - mais il a donné au pauvre un nom révélateur, « Lazare », qui signifie « Dieu est mon aide ». Lazare est la seule personnalité dans toutes les paraboles que Jésus a racontée, donc son nom doit être important et nous transmettre un message : le point principal dans la vie de Lazare n'est pas sa pauvreté mais sa relation avec Dieu. C'est une personne qui, malgré les adversités, voit Dieu comme son aide. Il a foi en Dieu ; il est ami avec lui.

Après la mort, Lazare était avec Abraham. L'homme riche appela Abraham « Père Abraham », et Abraham répondit : « Fils… » Personne ne nie la relation objective entre l'homme riche et Abraham – l'homme riche est un descendant d'Abraham. Le problème n'est pas dans la relation physique objective qu'il avait avec Abraham, dans l'appartenance objective à une certaine religion ; c'était dans la relation objective-subjective qu'il entretenait avec ses semblables.

Jésus nous défie aujourd'hui aussi ; nous sommes chrétiens, objectivement nous sommes dans Son Église, mais ce n'est pas ce qui déterminera notre sort après la mort. Ce qui va le déterminer, c'est notre relation objective-subjective avec les autres et avec la nature : cherchons-nous activement à changer les conditions de vie des gens su milieu desquels nous vivons ? Comme Jésus l'a dit : « Il ne suffit pas de me dire : "Seigneur, Seigneur !" pour entrer dans le Royaume des cieux ; il faut faire la volonté de mon Père qui est aux cieux » (Matthieu 7 : 21), ce qui est similaire à ce que Jean le Baptiste a dit : « et ne vous avisez pas de dire en vous-mêmes : "Nous avons pour père Abraham." Car je vous le dis, des pierres que voici, Dieu peut susciter des enfants à Abraham » (Matthieu 3 : 9). Notre vraie relation avec Dieu est ce qui détermine ce que sera notre état après la mort, et la nature de cette relation a un indicateur clair : la nature de notre relation avec les autres, non seulement nos familles mais surtout ceux qui sont dans le manque.

L'homme riche a demandé à Abraham de faire quelque chose pour que ses cinq frères changent de comportement avant la mort, mais Abraham a refusé. Les paroles que Jésus mit sur les lèvres d'Abraham sont : « "Ils ont Moïse et les prophètes, qu'ils les écoutent"… "S'ils n'écoutent pas Moïse, ni les prophètes, même si quelqu'un ressuscite des morts, ils ne seront pas convaincus" » (Luc 16 : 29, 31), reflétant clairement le fait que ceux qui ont endurci leur cœur ne pas changer leur comportement même s'ils ont vu un miracle ; un miracle ne peut pas forcer un changement de cœur, ou dans sa volonté afin d'avoir des relations compatissantes avec les autres et d'agir activement pour changer leurs conditions de vie.

Quelle était l'attitude de Jésus envers les miracles ? Il a fait des miracles par compassion pour les autres, mais Il a refusé de faire un miracle pour prouver son identité messianique ou prophétique et a accusé ceux qui appelaient à de tels miracles d'idolâtrie : « Génération mauvaise et adultère qui réclame un signe ! En fait de signe, il ne lui en sera pas donné d'autre que le signe du prophète Jonas » (Matthieu 12 : 39).

Chaque jour, nous devons remettre en question la nature de notre relation avec les autres, en particulier ceux qui sont dans le besoin matériel. Dieu aidera les pauvres à travers nous ; « nous sommes à l'œuvre avec lui [Dieu] », comme disait saint Paul (2 Corinthiens 6, 1).

Mais à notre époque, la science nous montre que la pauvreté n'arrive pas par hasard ; c'est un symptôme d'inégalité structurelle, le résultat d'actes politiques, de conditions économiques, de la façon dont notre société est gouvernée, du système dans lequel nous vivons. Ainsi, s'il est crucial d'aider les pauvres, il n'est pas moins crucial de « Combats le bon combat » (1 Timothée 6, 12) pour changer les structures qui sont à la base de la pauvreté. Nous ne pouvons pas dire que nous ne savons pas ; à notre époque, on le sait. Les Pères de l'Église ne le savaient pas, et donc ils se sont concentrés uniquement sur l'aide aux pauvres par le partage, mais à notre époque, nous en savons plus, et de ceux à « qui l'on a beaucoup donné, on demandera beaucoup ; à qui l'on a confié beaucoup, on demandera encore plus. » (Luc 12 : 48). Même sans connaître la science d'aujourd'hui, saint Grégoire le théologien (de Nazianze) s'est interrogé sur les raisons de la pauvreté et a écrit : « Je ne suis pas sûr que la différence [de richesse] entre les riches et les pauvres vienne de Dieu ». À notre époque, nous savons que la pauvreté ne vient pas de Dieu, c'est un produit de notre civilisation, et c'est une responsabilité éthique autant que de foi, non seulement d'atténuer le mal social (la pauvreté), mais aussi de traiter ses causes (le système politique et économique et ses structures).

11 LA PARABOLE DU BON SAMARITAIN
LUC 10 : 25-37

Et voici qu'un légiste se leva et lui dit, pour le mettre à L'épreuve: « Maître, que dois-je faire pour recevoir en partage la vie éternelle? » Jésus lui dit : « Dans la Loi qu'est-il écrit ? Comment lis-tu ». Il lui répondit : « Tu aimeras le Seigneur ton Dieu de tout ton cœur, de toute ton âme, de toute ta force, et de toute ta pensée et ton prochain comme toi-même. ». Jésus lui dit : « Tu as bien répondu. Fais cela et tu auras la vie. » Mais lui, voulant montrer sa justice, dit à Jésus : « Et qui est mon prochain ? » Jésus reprit : « Un homme descendait de Jérusalem à Jéricho, il tomba sur des bandits qui, l'ayant dépouillé et roué de coups, s'en allèrent, le laissant à moitié mort. Il se trouva qu'un prêtre descendait par ce chemin ; il vit l'homme et passa à bonne distance. Un lévite de même arriva en ce lieu ; il vit l'homme et passa à bonne distance. Mais un Samaritain qui était en voyage arriva près de l'homme : il le vit et fut pris de pitié. Il s'approcha, banda ses plaies en y versant de l'huile et du vin, le chargea sur sa propre monture, le conduisit à une auberge et prit soin de lui. Le lendemain, tirant deux pièces d'argent, il les donna à l'aubergiste et lui dit : "Prends soin de lui, et si tu dépenses quelque chose de plus, c'est moi qui te le rembourserai quand je repasserai. Lequel des trois, à ton avis, s'est montré le prochain de l'homme qui était tombé sur les bandits ? » Le légiste répondit : « C'est celui qui a fait preuve de bonté envers lui ». Jésus lui dit : « Va et, toi aussi, fais de même ».

COMMENTAIRE

Une personne religieuse qui enseignait la loi de Moïse (un légiste), comparable à un théologien dans le christianisme, voulait sincèrement l'opinion de Jésus sur le reçoit en partage de la vie éternelle - il n'avait pas l'intention de « tester » Jésus comme d'autres groupes qui l'ont interrogé. Jésus n'a pas répondu directement ; au lieu de cela, Il a interrogé le légiste, dans une approche éducative humble et réussie. Il a entamé une conversation au lieu de simplement donner une réponse, poussant ainsi le légiste à penser par lui-même au lieu d'être dépendant des opinions des autres. Jésus a mentionné la Loi (les cinq premiers livres de l'Ancien Testament) comme point de référence. Le légiste relève le défi et résume les conditions de la vie éternelle à deux : aimer Dieu profondément et aimer son prochain comme on s'aime soi-même. Jésus était d'accord avec la conclusion de l'avocat et il l'a loué. L'héritage de la vie éternelle n'est pas une question de connaissance mentale de la foi ; il s'agit de vivre la foi dans les relations tangibles avec Dieu et les autres.

Le légiste aurait peut-être simplement répété l'enseignement de Jésus à ce sujet ; il l'a peut-être déjà entendu (Marc 12 : 28-34 et Matthieu 24 : 34-40). Cependant, il avait une autre question qui a poussé la conversation plus loin : Et qui est mon prochain ? Peut-être était-ce la principale question qu'il avait en tête, si nous acceptons l'hypothèse qu'il aurait peut-être déjà entendu l'opinion de Jésus à ce sujet ? Jésus ne répond pas directement ; à la place, Il utilise une parabole.

Au temps de Jésus, il était convenu dans la société que les prochains sont nécessairement de la même foi que soi-même ; mais il y eut un grand débat sur qui exclure de la notion de « prochain » : les pharisiens (un mouvement qui suivait la lettre de la Loi) étaient enclins à exclure quiconque n'était pas pharisien, tandis que les rabbins (enseignants de la Loi) considéraient que les hérétiques et les apostats devaient être exclus. De plus, il y avait un proverbe populaire qui excluait les ennemis personnels du concept du « prochain ». Alors que de nombreux enseignements religieux et sociaux traditionnels, à ce jour, commandent d'aimer ceux qui sont de la même foi, religion, confession, pays ou autre type de groupe et à exclure ceux qui ne le sont pas, la réponse de Jésus brise complètement cet enseignement dans le l'esprit de ses auditeurs et dans nos esprits aujourd'hui (demandez à un raciste ce qu'il penserait d'aimer une personne de peau noire, ou une personne d'une couleur de peau différente, ou quelqu'un qui est latino, ou qui parle avec un accent, ou qui est d'un autre pays d'origine, etc.).

Que dit la parabole ? Un homme de la communauté Hébraïque (auquel les auditeurs, y compris le légiste, peuvent s'identifier) a été attaqué alors qu'il voyageait et a été grièvement blessé, « à moitié mort ». Un prêtre de la même religion que l'homme blessé est passé et ne lui a pas soigné. Un lévite - une personne qui aide le prêtre dans le temple – est également passé par l'homme et ne s'est pas soucié de sa situation. Le prêtre aurait pu penser que cette personne était morte, et selon la loi, il ne devrait pas toucher le corps d'une personne décédée, craignant « l'impureté » ; cependant, cette excuse ne s'applique pas au Lévite à moins qu'il ne se rende au temple, mais les Lévites se rendaient généralement en groupe au temple, ce qui n'est pas le cas ici. Dans tous les cas, le prêtre et le Lévite préféraient la lettre de la Loi à l'esprit de la Loi. La troisième personne passant près du blessé était un Samaritain, un ennemi religieux du blessé Hébreux. Les Samaritains (qui existent à notre époque aujourd'hui) n'acceptaient que les cinq premiers livres de l'Ancien Testament (la Torah ou le Pentateuque) et rejetaient les livres des prophètes. L'animosité entre les deux groupes remonte à des centaines d'années avant J.-C. lorsque le peuple Hébreu fut divisé en deux groupes et royaumes : au sud, le royaume de Juda avec Jérusalem comme capitale, et au nord, le royaume d'Israël avec Samarie comme capitale.

Le royaume d'Israël fut envahi par les Assyriens qui asservirent les Samaritains et amenèrent dans leur région des païens. À la suite de ces événements, les Hébreux ont commencé à refuser de se mêler aux Samaritains car ils les considéraient comme des païens, et les Samaritains ont réagi en construisant un temple pour concurrencer le temple de Jérusalem. La haine entre les deux groupes a atteint son apogée lorsque les Samaritains ont profané le temple de Jérusalem en y jetant des ossements humains ; la haine se reflétait dans une déclaration connue des Hébreux : « l'eau du Samaritain est plus impure que le sang des porcs ».

Ainsi, nous pouvons apprécier le choc de ceux qui entouraient Jésus quand Il déclara que le Samaritain, l'ennemi religieux, l'ennemi méprisé était celui qui s'occupait de l'homme Hébreu blessé, et qu'il allait au-delà de ce qu'on attendait de lui, comme il a payé l'hôtel et les soins. Aussi, nous pouvons apprécier à quel point la question posée par Jésus était embarrassante pour tout le monde, y compris pour le légiste : « Lequel des trois, à ton avis, s'est montré le prochain de l'homme qui était tombé sur les bandits » (Luc 10 : 36). On peut imaginer que le légiste a dû répondre d'une voix tremblante car il ne pouvait pas dire « le Samaritain » et a tenté d'éviter le scandale en disant : « C'est celui qui a fait preuve de bonté envers lui ».

Le dernier mot de Jésus est « Va et, toi aussi, fais de même », ce qui est déroutant. Au lieu de faire du bien à ton prochain, Jésus dit au légiste et à nous, fais du bien aux gens, et cela fera d'eux tes prochains. L'acte de miséricorde, de charité, d'amour transformera votre relation avec les gens et vous métamorphosera en prochains, en famille, en enfants du même Père.

Ce n'est pas l'identité religieuse, sociale, de classe ou nationale des autres qui dicte notre aide à eux, c'est notre aide aux gens qui crée la proximité et la ressemblance, qui nous crée famille. Le Les relations de soins et de compassion unissent les enfants de Dieu dispersés avec Christ qui est mort pour « pour réunir dans l'unité les enfants de Dieu qui sont dispersés » (Jean 11 : 52).

12 LA PARABOLE DU RICHE INCENSÉ
LUC 12 : 16-21

Et il leur dit cette parabole : Les terres d'un homme riche avaient beaucoup rapporté. Et il raisonnait en lui-même, disant : Que ferai-Je ! Car je n'ai pas de place pour rentrer ma récolte. Voici, dit-il, ce que je ferai : j'abattrai mes greniers, j'en bâtirai de plus grands, j'y amasserai toute ma récolte et tous mes biens ; et je dirai à mon âme. Mon âme, tu as beaucoup de biens en réserve pour plusieurs années ; repose-toi, mange, bois, et réjouis-toi. Mais Dieu lui dit : insensé ! Cette nuit même ton âme te sera redemandée ; et ce que tu sa préparé, pour qui sera-ce ! Il en est ainsi de celui qui amasse des trésors pour lui-même, et qui n'est pas riche pour Dieu.

COMMENTAIRE

Cette parabole est simple. Jésus mentionne un homme riche qui a une terre avec des récoltes si abondantes que ses granges débordent. Logiquement, l'homme a pensé à abattre les granges et à en construire de plus grandes pour augmenter son bénéfice. Une étape logique, semble-t-il.

Cependant, si nous lisons attentivement le texte, nous pouvons remarquer que l'aspect principal de cet homme est qu'il vit pour lui-même et seulement lui-même ; son état d'esprit et de cœur ne tourne qu'autour de ses « besoins ». Trois parties de la parabole indiquent cette situation. D'abord, il voit la nature et sa propre âme comme totalement siennes : « J'y amasserai toute ma récolte et tous mes biens ; et je dirai à mon âme… » On pourrait dire qu'il a une orientation de thésaurisation, un mode de vie orienté vers l'avoir ; il ne reconnaît pas que la nature est un don de Dieu pour tous les êtres humains, que nous sommes tous une création de Dieu et que nous ne pouvons pas nous « posséder », mais nous pouvons « être » nous-mêmes. Deuxièmement, quand l'homme riche parle, il se parle à lui-même, il est totalement noyé en lui-même comme le légendaire Narcisse qui était obsédé par la contemplation de son propre reflet dans un étang jusqu'à ce qu'il tombe et s'y noie (d'où l'adjectif bien connu « narcissique » utilisé aujourd'hui). Enfin, il s'adresse à « son » âme en disant : « Mon âme, tu as beaucoup de biens en réserve pour plusieurs années ; repose-toi, mange, bois, et réjouis-toi », qui reflète un état d'âme noyé dans les plaisirs personnels, dans l'isolement, dans les instincts élémentaires (manger, boire), comme si cet homme ne vivait que pour manger et boire au lieu de manger et boire pour vivre, pour nouer des relations avec les autres « selon le cœur de Dieu » (1 Rois 13, 14), une relation de charité, d'« aime ton prochain comme toi-même ».

Le plaisir n'est pas mauvais en soi, mais le plaisir isolé l'est. Le plaisir est un don de Dieu. Nous trouvons du plaisir dans beaucoup de choses et d'activités qui nous apportent une profonde gratification. Notre mystère est que nous trouvons l'accomplissement du plaisir dans la communion. Le simple fait de manger et de boire est bien plus agréable quand nous le partageons avec nos proches, quand nous faisons l'expérience d'un repas avec des gens que nous aimons. Un dîner est beaucoup moins agréable quand on mange seul. Notre problème est dans notre attitude quand nous amalgamons le plaisir à la communion ; ils ne sont pas les mêmes. Si nous ne recherchons que notre plaisir, nous manquons de communion, nous manquons de joie d'être et, fait remarquable, nous éprouvons moins de plaisir. Si nous recherchons la communion, alors le plaisir est vécu en abondance. Nous pouvons adapter une des déclarations de Jésus et dire : car à toute personne qui communie, l'on donnera du plaisir et il sera dans la surabondance ; mais à celui qui ne communie pas, même le plaisir qu'il a lui sera retiré (Matthieu 25 : 29).

Jésus décrit l'homme riche comme une personne noyée en elle-même et dans des plaisirs égocentriques qui ne sont pas le fruit de la communion. Il est refermé sur lui-même, comme dévorant la nature et soi-même, noyé dans des plaisirs qui ne pourront jamais satisfaire son désir profond : atteindre la ressemblance de Dieu, être en communion avec les humains et avec Dieu, contempler le visage de Dieu. On ne peut pas vraiment être humain sans une vraie relation d'amour, une relation de communion qui unit les personnes dans le respect de leur altérité. La tragédie que vit l'homme riche ne réside pas en son argent mais en l'orientation de son cœur.

Nous aussi, nous pouvons être dans la même situation. Nous avons toujours besoin de nous interroger sur notre rapport au monde : sommes-nous en relation avec le monde par le mode avoir ou par le mode être ? Sommes-nous en train de dévorer le monde et nous-mêmes, ou vivons-nous dans une communion avec les autres qui nous rend vivants dans le cœur de Dieu, traversés par sa lumière éternelle, goûtant ensemble les « sources » de l'Esprit qui satisfont vraiment notre être et nous donnent plaisir ?

Nous devons être vigilantes comme les femmes sages (Matthieu 25 : 1-13), pour garder notre cœur orienté vers Dieu et les autres. La société n'aide pas toujours ; le consumérisme peut nous égarer du profond désir de communion de nos cœurs. Le consumérisme nous fait penser que plus nous avons, plus nous sommes. La réalité est qu'avoir plus ne mène jamais à une satisfaction durable, et le consumérisme nous amène à nous noyer dans les choses qui nous entourent et nous laisse seuls et appauvris intérieurement. La société de consommation réprime notre véritable désir (communion) en créant de faux besoins (choses à consommer) et en nous manipulant et en nous pressant de rechercher ce dernier au détriment de la satisfaction du premier. Le consumérisme nous conduit à vivre dans le mensonge et ne nous permet pas de mûrir ; elle nous pousse à adopter une attitude « d'allaitement », ou pour reprendre les mots du psychanalyste Erich Fromm, « l'attitude inhérente au consumérisme est celle d'avaler le monde entier. Le consommateur est l'éternel nourrisson qui réclame le biberon ».

Soyons vigilants pour grandir ensemble, dans le Christ, entourés et soignés par l'Esprit Saint qui nous habite, pour être « riches auprès de Dieu », pour nous aimer, pour être vivants, pour vraiment être.

13 JÉSUS CONSEILLE LE JEUNE HOMME RICHE
LUC 18 : 18-27

Un notable interrogea Jésus: "Bon maître, que dois-je faire pour recevoir la vie éternelle en partage?" Jésus lui dit :" Pourquoi m'appelles-tu bon ? Nul n'est bon que Dieu seul. Tu connais les commandements : tu ne commettras pas d'adultère, tu ne commettras pas de meurtre, tu ne voleras pas, tu ne porteras pas de faux témoignage, honore ton père et ta mère." Le notable répondit : "Tout cela, je l'ai observé dès ma jeunesse." L'ayant entendu, Jésus lui dit : "Une seule chose encore te manque : tout ce que tu as, vends-le, distribue-le aux pauvres et tu auras un trésor dans les cieux ; puis viens, suis-moi." Quand il entendit cela, l'homme devint tout triste, car il était très riche. Le voyant, Jésus dit : " Qu'il est difficile à ceux qui ont les richesses de parvenir dans le royaume de Dieu ! Oui, il est plus facile à un chameau d'entrer par un trou d'aiguille qu'a un riche d'entrer dans le royaume de Dieu." Les auditeurs dirent : "Alors, qui peut être sauve ?" Et lui répondit :" Ce qui est impossible aux hommes est possible à Dieu.

COMMENTAIRE

Une personne d'un certain prestige, un « notable », a posé à Jésus une question sérieuse : comment « recevoir la vie éternelle » ? Comment être sauvé ? Il appela Jésus « bon », et Jésus répondit sous forme de question : « Pourquoi m'appelles-tu bon ? Nul n'est bon que Dieu seul », ce qui confirme implicitement l'identité divine de Jésus-Christ. Jésus semble aussi dire à l'homme : puisque tu m'as appelé bon, tu dois recevoir ce que je vais te dire comme venant de Dieu.

Jésus a souligné les commandements mais n'a mentionné que les commandements concernant les relations avec les autres. Les relations, et non les mots ou les idées, reflètent nos orientations intérieures.

« Tout cela, je l'ai observé dès ma jeunesse », répondit l'homme ; il semblait être une personne honnête demandant à Jésus de dire quelque chose de plus, quelque chose de nouveau. Jésus a répondu par une réponse nouvelle et radicale qui devrait nous faire trembler aujourd'hui : « tout ce que tu as, vends-le, distribue-le aux pauvres et tu auras un trésor dans les cieux ; puis viens, suis-moi ». Jésus invite l'homme à se comporter comme les disciples qui « laissaient aussitôt leurs filets, et le suivirent » (Marc 1 : 18). Si une personne veut vraiment être disciple de Jésus-Christ, elle doit tout « laisser » et « suivre » Jésus : le cœur d'un amoureux suit l'être aimé, donc si nous avons notre cœur avec Jésus, alors nous le suivons, « Car où est ton trésor, là aussi sera ton cœur » (Matthieu 6 : 21). Si notre « trésor » est en la possession, que ce soit la possession d'argent, de richesses, d'autorité, de diplômes, de renommée, etc., alors nos cœurs sont avec ces choses, et nous ne suivons pas vraiment Jésus, même si nous disons le contraire. Si les possessions sont si centrales dans nos vies, alors nous risquons de penser et de ressentir que ces possessions sont le centre de la vie, sont la vie elle-même, et nous risquons de perdre le lien avec Jésus-Christ en tant que centre de la vie, en tant que Vie elle-même, en tant que vie éternelle. Pour suivre quelqu'un il doit être si central et si radicalement nécessaire, ou mieux encore radicalement aimé ; radicalement nécessaire car aimé. L'invitation du Christ est un défi pour l'homme et pour nous aujourd'hui. C'est pourquoi l'homme était « triste », car son cœur était dans sa richesse. L'invitation de Jésus a défié le ce jeune homme et a révélé l'orientation spirituelle interne.

L'argent par-dessus tout autre bien est une source d'illusion. Avec assez d'argent, on peut faire pratiquement « n'importe quoi » et avoir un pouvoir quasi total sur les choses et les gens. Il y a un certain attrait que l'argent a et que rien d'autre n'accorde aux gens. Le problème de l'argent n'est pas dans le fait que vous pouvez acheter des choses avec ; le problème de l'argent réside dans le fait qu'il donne le pouvoir aux riches, le pouvoir d'influencer et de forcer les gens et les événements, et avec un tel pouvoir vient l'illusion de l'illimité - on est enclin à vivre l'illusion du pouvoir illimité, de la (fausse) puissance des dieux. Je dis « fausse » parce que la puissance de Dieu, comme nous l'avons découvert en Jésus-Christ, réside dans l'Amour illimité, et non dans la capacité illimitée de forcer ; dans l'amour crucifié, et non dans l'incapacité d'aimer qui « crucifie » les autres et soi-même. L'argent peut donc nous faire vivre cette vieille illusion décrite dans le livre de la Genèse en langage symbolique, la vieille illusion du désir d'être des dieux sans Dieu, qui est l'essence, l'épitomé, du péché originel.

C'est pourquoi Jésus dit : « il est plus facile à un chameau d'entrer par un trou d'aiguille qu'a un riche d'entrer dans le royaume de Dieu » (Matthieu 9 : 24). Est-il possible pour un homme riche d'entrer dans le royaume de Dieu ? Jésus ne nie pas cela ; Il dit simplement que c'est une tâche presque impossible. La connaissance de l'état d'une personne après la mort n'est pas à nous de juger ; c'est dans la connaissance de Dieu, pas la nôtre. L'homme et les disciples (dans le verset 27, Pierre dit à Jésus : « Vois, nous avons tout quitté et nous t'avons suivi ») voulaient une réponse facile – « ce groupe est sauvé, et ce groupe ne l'est pas » – mais Jésus n'en donne pas. Il dit simplement quel chemin mène à la « vie éternelle » et que ce n'est pas un chemin rose, mais c'est néanmoins un chemin de Vie.

Nous ne pouvons pas prendre les paroles de Jésus comme une invitation à quitter nos familles et à ne pas nous soucier de nos frères, sœurs, filles, fils, amies, amis, etc. Même un moine ou une nonne authentique prendrait soin des autres ; sinon, leurs prières ne seraient pas véridiques : « Il ne suffit pas de me dire : "Seigneur, Seigneur !" pour entrer dans le Royaume des cieux ; il faut faire la volonté de mon Père qui est aux cieux » (Matthieu 7 : 21). Un moine ou une nonne est une personne séparée de tous et unie à toutes et à tous, soucieuse de tous. Prendre soin des autres est le seul comportement tangible qui peut nous dire si nous sommes sur la bonne voie spirituellement. L'invitation de Jésus est une invitation à Lui mettre au centre de nos vies - rien ne devrait être une barrière entre nous et Jésus. Nos familles, amis, collègues, travail, ou projets, ne doivent pas nous éloigner de Jésus ; nous devrions toujours avoir Jésus au centre, comme notre priorité existentielle, parce que Sa Parole est vie pour nous et vie pour les autres. C'est un message important pour les lecteurs chrétiens de Luc, qui étaient sous la persécution romaine, et pour nous aujourd'hui. Dieu est Amour et Dieu est Vie, Il est La source de notre existence ; rien d'autre ne l'est. Nous devons toujours être vigilants pour centrer notre existence sur Dieu, non sur la possession, ni sur un être humain.

Dieu nous a demandé d'être parfaits comme notre Père qui est dans les cieux ; ce n'est pas une condition telle que « faire ceci ou autre », ou « faire ceci pour cela », mais c'est plutôt une invitation à vivre pleinement. Dans ce texte, le Christ nous avertit que la perfection est exigée de chacun et que centrer notre vie sur Lui est nécessaire pour que nous puissions marcher vers la perfection. La richesse terrestre, l'autorité, l'éducation ne nous appartiennent pas ; ce sont des dons de Dieu pour nous à partager. Nous ne possédons vraiment rien, et plus nous centrons notre cœur sur les possessions, plus les possessions nous possèdent. De plus, la famille, les amis et tous les autres sont l'image de Dieu, des personnes illimitées et chacun a une valeur illimitée ; nous ne les possédons pas.

Avec cette pauvreté du cœur, nous pouvons être libres, nous pouvons vivre librement et découvrir et écrire notre propre histoire d'amour avec le Christ, dans l'histoire d'amour collective de l'Église et du monde avec Lui.

14 UN AVEUGLE RÉCUPÈRE LA VUE
LUC 18 : 35-43

En ce temps-là, comme Jésus approchait de Jéricho, un aveugle était assis au bord du chemin, et mendiait. Entendant la foule passer, il demanda ce que c'était. On lui dit : c'est Jésus de Nazareth qui passe. Et il cria : Jésus, Fils de David, aie pitié de moi ! Ceux qui marchaient devant le reprenaient, pour le faire taire, mais il criait beaucoup plus fort : Fils de David, aie pitié de moi ! Jésus, s'étant arrêté ordonna qu'on le lui amène ; et, quand il se fut approché, il lui demanda : Que veux-tu que je te fasse ! Il répondit : Seigneur, que je recouvre la vue. Et Jésus lui dit : Recouvre la vue ; ta foi t'a sauvé. A l'instant il recouvra la vue, et suivit Jésus, en glorifiant dieu. Tout le peuple, voyant cela, loua Dieu.

COMMENTAIRE

C'est un texte plein de lumière. Cela commence avec un aveugle qui était inactif sur le bord de la route en train de mendier et se termine par le même homme qui voit, se tient et suit Jésus. Marc mentionne le nom de cet homme : Bartimée (Marc 10 : 46-52).

Jéricho est le dernier endroit à visiter sur le chemin vers Jérusalem. Bartimée a entendu une foule, a demandé ce qui se passait et on lui a dit que Jésus passait. La réputation de Jésus doit avoir atteint la région, car Bartimée savait qui il était et lui cria : « Jésus, Fils de David » - et en disant « Fils de David », il indiquait sa foi en Jésus en tant que Messie, en tant que Christ.

Jésus a utilisé ce titre bien connu du Christ, « Fils de David », dans sa conversation avec un scribe : « Comment les scribes peuvent-ils dire que le Messie est fils de David ? » (Marc 12 : 35). Il s'agit d'une annonce énorme faite par Bartimée, une annonce que Pierre ne pouvait faire qu'après avoir été avec Jésus pendant très longtemps ; Jésus « leur demandait : 'Et vous, qui dites-vous que je suis ?' Prenant la parole, Pierre lui répond : 'Tu es le Christ.' » (Marc 8 : 29).

Les gens ont réprimandé Bartimée et ont essayé de le faire taire. La confession en Christ est souvent réduite au silence encore de nos jours, même par la simple pression des pairs. Mais Bartimée cria plus fort ; il se fichait que les gens essayaient de le faire taire. Être marginalisé ne l'a pas arrêté – il voulait atteindre Jésus. Jésus entendit Bartimée et s'arrêta ; nous pouvons imaginer que toute la foule s'est arrêtée avec Jésus. Bartimée a été amené à Jésus à sa demande ; il aurait pu avoir quelques biens dans un sac, et il les aurait laissés. Marc mentionne qu'il a quitté son manteau et est allé directement à Jésus (Marc 10 : 50). Il y a bien plus à chercher qu'un manteau – il voulait voir. Dieu ne peut être rencontré que dans le « désert », sans possessions, comme au temps des Hébreux dans le désert. Dans le désert de la dépossession, la seule maison et sécurité est dans la Parole de Dieu, dans le Christ.

Nous pouvons presque sentir le bruit diminuer lorsque Jésus a commencé à parler. Jésus converse toujours avec la personne qui le cherche. Même lorsqu'on lui pose une question, Il répond par une question ; Il engage les autres et reconnaît leurs désirs, leurs volontés, leurs responsabilités. « Que veux-tu que je te fasse ? » La réponse est très simple et audacieuse – « que je recouvre la vue » - mais elle était également associée à une reconnaissance de Jésus comme « Seigneur ». Il croyait que Jésus pouvait faire un miracle ; sa foi en Jésus en tant que Christ était évidente dans son cri : « Fils de David ».

La réponse de Jésus indique clairement que le miracle a été accompli sur la base de la foi de la personne : « ta foi t'a sauvé ». Immédiatement, Bartimée recouvre la vue et suit Jésus. Il a pu faire ce que l'homme riche du texte précédent n'a pas pu faire : tout quitter et le suivre (Luc 18 : 18-27). Bartimée émerge de cet événement comme un véritable disciple du Christ ; il a laissé tout ce qu'il avait et a suivi le maître à Jérusalem où il affrontera la mort. Il voit maintenant la source de la vie et ne peut pas le quitter.

15 LE SABBAT EST FAIT POUR LES HUMAINS
LUC 13 : 10-17

En ce temps-là, Jésus enseignait dans une des synagogues, le jour du sabbat. Et voici, il y avait là une femme possédée d'un esprit qui la rendait infirme depuis dix-huit ans ; elle était courbée, et ne pouvait pas du tout se redresser. Lorsqu'il la vit, Jésus lui adressa la parole, et lui dit : Femme, tu es délivrée e ton infirmité. Et lui imposa les mains. A l'instant elle se redressa, et glorifia Dieu. Mais le chef de la synagogue indigné de ce que Jésus avait opéré cette guérison un jour de sabbat, dit à la foule : il y a six jours pour travailler ; venez donc vous faire guérir ces jours-là, et non pas le jour du sabbat. Hypocrites ! Lui répondit le Seigneur, est-ce que chacun de vous, le jour du sabbat, ne détache pas de la crèche son bœuf ou son âne, pour le mener boire ? Et cette femme, qui est une fille d'Abraham, et que Satan tenait liée depuis dix-huit ans, ne fallait-il pas la délivrer de cette chaîne le jour du sabbat. Tandis qu'il parlait ainsi, tous ses adversaires étaient confus, et la foule se réjouissait de toutes les choses glorieuses qu'il faisait.

COMMENTAIRE

Jésus enseignait. Il a remarqué la souffrance d'une femme qui souffrait d'une condition médicale - très probablement une cyphose, un trouble de la colonne vertébrale qui se traduit par un arrondi du haut du dos et qui peut survenir à tout âge. Comme il était de coutume à cette époque, l'état de santé de la femme était attribué - à tort, évidemment - à un « esprit d'infirmité », comme la surdité était attribuée à un « esprit sourd » (Marc 9 : 25).

Pendant dix-huit ans, elle était courbée. Par compassion, Jésus l'appela et accomplit un miracle, et « elle se redressa ». Il lui a donné une meilleure santé et a donné à chacun un aperçu de l'amour de Dieu et de la vie dans son royaume.

Cependant, pour ceux dont le cœur était centré sur la lettre de la Loi, sur les rituels, le miracle de Jésus était un motif d'indignation et de condamnation. Comment Jésus a-t-il pu accomplir un acte le jour du sabbat, enfreignant l'une des règles fondamentales de la Loi ? La règle du sabbat garantit que les gens vivent en paix avec la nature au moins une fois par semaine, elle garantit que le travail n'absorbe pas les gens, que la poursuite du profit ne devienne pas un joug, que rester en vie n'éclipse pas la poursuite d'être en vie avec Dieu. La règle du sabbat a été faite pour rappeler aux gens que le travail dans la vie n'éclipse pas la contemplation et la réflexion sur le sens de la vie, afin que les gens restent vraiment libres. La règle du sabbat a été établie pour servir la vie, et particulièrement la vie humaine.

La réponse de Jésus à l'indignation repositionne le débat exactement autour de ce point : le but du sabbat est de libérer les gens ; donc, libérer la femme correspondaient bien au but du sabbat. En même temps, Jésus a visé l'hypocrisie de ceux qui s'opposaient à Lui en soulignant le fait qu'ils font sûrement un travail le jour du sabbat, aussi minime soit-il ; ils libéreraient sûrement un animal de la mangeoire. Tout le peuple s'est réjoui de Sa réponse, s'est réjoui d'être libéré de la lettre de la Loi, s'est réjoui de la liberté en Christ.

Jésus enseigne toujours en paroles et en actes. Nous nous concentrons souvent sur son enseignement, et nous pourrions penser que le témoignage de Jésus ne peut être assumé que par la prédication. Évangéliser le monde nous semble se limiter à la prédication. La prédication est un moyen important de communiquer, d'expliquer, de partager des idées. Cependant, les idées et les mots ne font pas tout. La foi se communique par la rencontre personnelle et par le partage de la vie ; il ne s'agit pas de mots, peu importe leur importance. La base de la foi reste la relation personnelle entre les personnes qui reçoivent le Christ : « Il en est du Royaume de Dieu comme d'un homme qui jette la semence en terre : qu'il dorme ou qu'il soit debout, la nuit et le jour, la semence germe et grandit, il ne sait comment. » (Marc 4 : 26-27). Nous pouvons planter, mais c'est « Dieu qui fait croître » (1 Corinthiens 3 : 7).

Jésus n'a pas seulement enseigné, mais Il a aussi agi, Il s'est soucié, Il était compatissant envers la douleur des autres. C'est ce qui l'a poussé à accomplir des miracles. Pour suivre Jésus, nous devons également prêcher et agir avec compassion. Nous ne sommes peut-être pas tous capables de prêcher, mais nous pouvons tous écouter et nous pouvons tous rendre témoignage au Christ par nos paroles et nos actions compatissantes.

Le Verbe est devenu un être humain pour que les êtres humains deviennent des « verbes » – des « verbes » remplis de l'Esprit Saint et reflétant la lumière du Christ, le Verbe de Dieu. Dans le livre d'Ézéchiel, Dieu dit ceci au prophète : « Il me dit : « Fils d'homme, mange-le, mange ce rouleau ; ensuite tu iras parler » (Ézéchiel 3 : 1). Celui qui se nourrit du Verbe de Dieu devient prophète ; sa vie devient un « verbe » prophétique qui reflète le Christ, en paroles et en actes. Ensuite, les gens pourraient « lire » et entrer en relation personnelle avec Jésus-Christ.

16 LA PARABOLE DU GRAND REPAS
LUC 14 : 16-24

Le Seigneur dit cette parabole : Un homme allait donner un grand dîner, et il invita beaucoup de monde. : À l'heure du dîner, il envoya son serviteur dire aux invités : Venez, maintenant c'est prêt. Alors ils se mirent à s'excuser tous de la même façon. Le premier lui dit : Je viens d'acheter un champ et il faut que j'aille le voir ; je t'en prie, excuse-moi. Un autre dit : Je viens d'acheter cinq paires de bœufs et je pars pour les essayer ; je t'en prie, excuse-moi. Un autre dit : Je viens de me marier, et c'est pour cela que je ne puis venir. À son retour, le serviteur rapporta ces réponses à son maître. Alors, pris de colère, le maître de maison dit à son serviteur : Va-t'en vite par les places et les rues de la ville, et amène ici les pauvres, les estropiés, les aveugles et les boiteux. Puis le serviteur vint dire : Maître, on a fait ce que tu as ordonné, et il y a encore de la place. Le maître dit alors au serviteur : Va-t'en par les routes et les jardins, et force les gens à entrer, afin que ma maison soit remplie. Car, je vous le dis, aucun de ceux qui avaient été invités ne goûtera de mon diner.

COMMENTAIRE

La parabole de Jésus est intéressante. Un homme a invité des gens à un banquet, pour passer du temps ensemble, mais « au moment du banquet », tous ont trouvé des excuses à la dernière minute. Une excuse de dernière minute est socialement inacceptable, car elle implique généralement de ne pas tenir compte des hôtes.

Dans la parabole, les invités ont fourni des excuses liées à l'acquisition de ressources (bœufs, champs) et aux relations sociales (mariage). Cinq bœufs seraient capables de travailler une immense terre, il semble donc que la personne soit très riche. L'excuse du mariage est liée au fait que, selon la coutume, seuls les hommes étaient invités aux banquets et que l'invité ne voulait pas laisser sa femme seule, car ils étaient nouvellement mariés. L'hôte était en colère et a envoyé des invitations à des personnes marginalisées : des personnes pauvres ou handicapées. Ils ont tous été accueillis jusqu'à ce que la maison ait été pleine. Aucun des invités originaux ne participerait au banquet. C'est une attitude choquante. Nous devons nous rappeler que les marginalisés et les pauvres étaient considérés comme des pécheurs dans la société de Jésus, et que leur pauvreté et leurs handicaps étaient considérés comme des signes de « punition » que Dieu leur avait infligés pour leurs péchés ou les péchés de leurs parents (Jean 9 :2). Ainsi, ceux qui entendaient Jésus devaient comprendre le refus des invités comme une gêne pour l'homme, mais aussi ils ne devaient pas avoir une haute opinion d'un banquet plein de pauvres et de personnes handicapées. Certains auraient même pu sourire à la situation de cet homme.

Vu l'état d'esprit de l'époque, Jésus a dû choquer par le sens qu'Il donnait aux événements : certains de ceux qui sont invités au banquet et à la joie de Dieu, au royaume de Dieu, ne pourront pas y entrer à cause de leur arrogance, tandis que les humbles (les pauvres et les handicapés) seront invités et y entreront parce qu'ils sont plus disposés à accepter l'invitation de Dieu.

Le même avertissement s'applique à nous aujourd'hui. Les chrétiens n'entrent pas automatiquement dans le royaume de Dieu par le simple fait qu'ils sont membres de l'Église. La question n'est pas à propos d'une exigence légale, mais de l'orientation du cœur, du type de relation, du mode d'être : est-ce un mode d'être Trinitaire, un mode d'amour, un mode d'union qui respecte l'altérité, ou bien est-ce un mode d'être aliénant, un mode d'être de non-amour c'est-à-dire un mode être d'autoritarisme et de soumission, de fausse union et d'isolement (car c'est une union sans altérité) ?

L'avant-goût du royaume de Dieu, ainsi que celui de l'enfer, est dans notre cœur, ici et maintenant. L'enfer n'est rien d'autre que l'incapacité de vivre en communion avec les autres, l'incapacité d'aimer, l'incapacité d'être à la ressemblance de Dieu. Le royaume de Dieu est un royaume de joie dans le banquet de communion.

17 LA GÉNÉALOGIE DE JÉSUS-CHRISTO MATTHIEU 1 : 1-25

Généalogie de Jésus Christ, fils de David, fils d'Abraham : Abraham engendra Isaac, Isaac engendra Jacob, Jacob engendra Juda et ses frères, Juda engendra Pharès et Zara, de Thamar, Pharès engendra Esrom, Esrom engendra Aram, Aram engendra Aminadab, Aminadab engendra Naasson, Naasson engendra Booz de Rahab, Booz engendra Jobed, de Ruth, Jobed engendra Jessé, Jessé engendra le roi David. David engendra Salomon, de la femme d'Urie, Salomon engendra Roboam, Roboam engendra Abia, Abia engendra Asa, Asa engendra Josaphat, Josaphat engendra Joram, Joram engendra Ozias, Ozias engendra Joatham, Joatham engendra Achaz, Achaz engendra Ezéchias, Ezéchias engendra Manassé, Manassé engendra Amon, Amon engendra Josias, Josias engendra Jéchonias et ses frères ; ce fut alors la déportation à Babylone. Après la déportation à Babylone, Jéchonias engendra Salathiel, Salathiel engendra Abioud, Abioud engendra Eliakim, Eliakim engendra Azor, Azor engendra Sadok, Sadok engendra Akhim, Akhim engendra Eliourd, Eliourd engendra Eléazar, Eléazar engendra Matthan, Matthan engendra Jacob, Jacob engendra Joseph, l'époux de Marie, de laquelle naquit Jésus, que l'on appelle Christ. Le total des générations est donc : d'Abraham à David, quatorze générations : de David à la déportation de Babylone, quatorze générations ; de la déportation de Babylone au Christ, quatorze générations. Et voici comment Jésus-Christ fut engendré. Marie, sa mère, était fiancée à Joseph : or, avant qu'ils eussent mené vie commune, elle se trouva enceinte par le fait de l'Esprit Saint. Joseph, son époux, qui était un homme droit et ne voulait pas la dénoncer publiquement, résolut de la répudier sans bruit. Alors, qu'il avait formé ce dessein, voici que l'Ange du Seigneur lui apparut en songe et lui dit : Joseph, fils de David, ne crains point de prendre chez toi Marie, ton épouse : car ce qui a été engendré en elle vient de l'Esprit Saint ; elle enfantera un fils, auquel tu donneras le nom de Jésus, car c'est lui qui sauvera son peuple de ses péchés. Or, tout ceci advint pour accomplir cet oracle prophétique du Seigneur : Voici que la Vierge concevra et enfantera un fils, auquel on donnera le nom d'Emmanuel, nom qui se traduit Dieu avec nous. Une fois réveillé, Joseph fit comme l'Ange du Seigneur lui avait prescrit. Il prit chez lui sa femme et il ne la connut pas jusqu'au jour qu'elle enfanta un fils, auquel il donna le nom de Jésus.

COMMENTAIRE

Ce texte commence par une généalogie de Jésus qui le relie à Abraham et David et, moins clairement, à Joseph. Matthieu écrit à un groupe de chrétiens convertis du Judaïsme. Ce groupe connaissait l'Ancien Testament et attendait le Messie, descendant de David. Matthieu commence par la généalogie comme preuve que Jésus était un descendant de David, qu'il est le Christ attendu, le roi attendu.

Jésus est lié à Abraham à qui Dieu avait promis que ses descendants apporteraient la bénédiction à toutes les nations « je m'engage à te bénir, et à faire proliférer ta descendance autant que les étoiles du ciel et le sable au bord de la mer. Ta descendance occupera la Porte de ses ennemis ; c'est en elle que se béniront toutes les nations de la terre » (Genèse 22 : 17-18). Matthieu communique à ses lecteurs que Jésus était le fils d'Abraham et que par Lui la promesse de Dieu, l'Église, une Église établit par Jésu et ouverte à toute l'humanité, s'est réalisée.

Dans la généalogie, Matthieu mentionne quatre femmes : Thamar,

Rahab, Ruth et la femme d'Urie qui était la mère de Salomon. Rahab est cananéenne, Ruth est moabite, Thamar est une convertie syrienne et Bethsabée la femme d'Urie avait été la femme d'un officier hittite avant de devenir la mère de Salomon. En mentionnant des femmes non hébraïques ou qui n'étaient pas hébraïques à l'origine, Matthieu prépare le lecteur à un message ouvert à toutes les nations, à toute l'humanité.

De manière moins claire, le texte montre Joseph : « Jacob engendra Joseph, l'époux de Marie ». Joseph, l'époux de Marie, nous rappelle Joseph, fils de Jacob, dont les frères le haïrent et le vendirent, Joseph qui sauvera ceux qui l'ont chassé. En liant Joseph, fils de Jacob, à Joseph, époux de Marie, Matthieu fait allusion au fait que Jésus offrira le salut à toutes et à tous, y compris à ceux qui le rejetteront : « La pierre qu'ont rejetée les bâtisseurs, c'est elle qui est devenue la pierre angulaire. » (Marc 12 : 10).

Marie a été retrouvée enceinte par miracle. Joseph a reçu la parole d'un ange qui lui a demandé de garder Marie et son bébé. Dieu s'immisce dans notre histoire pour nous amener au salut, pour nous amener à Lui : Il s'est fait homme pour que nous, humains, devenions unis à Lui, pour que nous devenions enfants de Dieu par adoption, pour que nous devenions dieux selon la formule célèbre d'Athanase d'Alexandrie : « Dieu s'est fait homme pour que nous devenions Dieu ».

Le nom de ce nouveau-né est révélateur : « Jésus » (Yeshoua), qui signifie « Dieu sauve ». L'ange explique qu'il « sauvera son peuple de ses péchés » (Matthieu 1 : 21), de sa perdition, de son incapacité à aimer Dieu. Matthieu utilise à nouveau l'Écriture pour rappeler à ses lecteurs que ce miracle a été prophétisé : « Voici que la jeune femme est enceinte et enfante un fils et elle lui donnera le nom d'Emmanuel » (Ésaïe 7 : 14), et Emmanuel signifie « Dieu est avec nous ». Dans l'incarnation, Dieu n'est plus un Dieu lointain, invisible, un dieu puissant devant lequel on s'incline ; au lieu de cela, en Jésus-Christ, Dieu est devenu l'un de nous, un être humain. Nous ne le reconnaissons pas comme une puissance, mais comme une personne avec qui nous pouvons nous identifier, un être humain qui a fait l'expérience de ce que nous vivons par nature. Par l'incarnation, Dieu nous a connus de l'intérieur, pour ainsi dire. Par Jésus-Christ, nous reconnaissons enfin que Dieu nous aime le premier, et c'est pourquoi nous avons appris à l'aimer (1 Jean 4 : 19).

Nous sommes tellement habitués à Jésus-Christ que nous avons perdu l'émerveillement face à l'incarnation. Pour être à nouveau saisis par cet émerveillement, il faut faire un effort, contempler : on crée beaucoup de choses, d'objets, on adopte des animaux, et on ne voudrait jamais être l'un d'entre eux. Dieu nous a créés, et Lui l'illimité, qui est la Vie pure, qui n'éprouve ni peur, ni faim, ni soif, ni mort, était si amoureux de sa création qu'il est devenu l'un d'eux, l'un de nous.

Une fois qu'il était un être humain, il pouvait alors faire l'expérience de notre nature, y compris la mort, de l'intérieur. Lui, source de vie, a goûté la mort par l'expérience de l'être humain Jésus-Christ sur la croix ; c'est au-delà de toute imagination, un amour sans limite, un amour fou. Nous aimons les autres, et si ceux que nous aimons sont malades, nous voudrions pouvoir prendre sur nous leur douleur pour qu'ils ne le ressentent pas et soient guérit, mais nous ne le pouvons pas. Cependant, là où nous ne pouvons pas, Dieu le peut. Le Fils est devenu un être humain appelé Jésus, avec deux natures complètes – une divine et une humaine – de sorte qu'Il prend notre douleur et mort sur Lui et nous offre Sa vie, et Il peut, et Il pouvait, et Il a fait.

Aujourd'hui, Jésus est né. Réjouissons-nous et soyons amoureux.

18 …ET DIEU S'EST FAIT UN ÊTRE HUMAIN
MATTHIEU 2 : 13-23

Après leur départ, voici que l'Ange du Seigneur apparaît en songe à Joseph et lui dit: "Lève-toi, prends avec toi l'enfant et sa mère, et fuis en Égypte; restes-y jusqu'à nouvel ordre, car Hérode va rechercher l'enfant pour le faire périr." Joseph se leva, prit avec lui l'enfant et sa mère, de nuit, et se retira en Égypte. Il y resta jusqu'à la mort d'Hérode, pour que s'accomplisse ce qu'avait dit le Seigneur par le prophète : D'Égypte, j'ai appelé mon fils. Alors Hérode, se voyant joué par les mages, entra dans une grande fureur et envoya tuer, dans Bethléem et tout son territoire, tous les enfants jusqu'à deux ans d'après l'époque qu'il s'était fait préciser par les mages. Alors s'accomplit ce qui avait été dit par le prophète Jérémie : Une voix dans Rama s'est fait entendre, des pleurs et une longue plainte : c'est Rachel qui pleure ses enfants et ne veut pas être consolée, parce qu'ils ne sont plus. Après la mort d'Hérode, l'Ange du Seigneur apparaît en songe à Joseph, en Égypte, et lui dit : "Lève-toi, prends avec toi l'enfant et sa mère, et mets-toi en route pour la terre d'Israël ; en effet, ils sont morts, ceux qui en voulaient à la vie de l'enfant." Joseph se leva, prit avec lui l'enfant et sa mère, et il entra dans la terre d'Israël. Mais apprenant qu'Archélaüs régnait sur la Judée à la place de son père Hérode, il eut peur de s'y rendre ; et divinement averti en songe, il se retira dans la région de Galilée et vint habiter une ville appelée Nazareth, pour que s'accomplisse ce qui avait été dit par les prophètes : Il sera appelé Nazôréen.

COMMENTAIRE

Jésus est l'accomplissement des prophéties concernant le Messie dans l'Ancien Testament. Il est le Messie. Matthieu mentionne trois prophéties dans ce texte ; il mentionne également un ange qui est apparu deux fois à Joseph dans le rêve pour sauver l'enfant. Dieu a pris soin de l'enfant et de sa mère pour accomplir sa promesse.

Entre le départ en Égypte et le retour, Matthieu mentionne un massacre qu'Hérode a perpétré à Bethléem. Nous n'avons pas de récit historique d'un tel massacre ; nous savons seulement qu'Hérode a perpétré un massacre dans sa propre famille. Matthieu trouve que la cruauté d'Hérode est comme celle des Assyriens dont le prophète Jérémie, dans l'Ancien Testament, avait prophétisé qu'ils déporteraient les tribus hébraïques du Royaume du Nord. Jérémie a utilisé la figure de Rachel pleurant ses descendants déportés pour décrire l'avenir du Royaume du Nord : « Ainsi parle le Seigneur : 'Une voix de lamentation, de pleurs et de deuil a été entendue à Rama. Rachel ne veut pas cesser de pleurer profondément ses enfants, car ils ne sont plus » (Jérémie 31 : 15). Nous pouvons remarquer la cruauté d'Hérode en contraste avec les soins de Dieu.

La deuxième prophétie mentionne Moïse. Il y a un lien entre Jésus et Moïse dans le texte, même si les événements sont inversés. Dans l'Ancien Testament, nous lisons comment le Pharaon prévoyait de tuer Moïse, qui s'est ensuite échappé d'Égypte (Exode 2 : 15), tandis que dans Matthieu, nous lisons qu'Hérode a cherché à tuer Jésus, qui s'est échappé en Égypte. Dans l'Exode, nous lisons que Dieu ordonna à Moïse de quitter son pays et de retourner en Égypte après la mort du Pharaon : « 'Va, retournes en Egypte, car tous ceux qui en voulaient à ta vie sont morts'. Moïse prit sa femme et ses fils, les installa sur l'âne et retourna au pays d'Egypte » (Exode 4 : 19-20). Dans Matthieu, nous lisons qu'après la mort d'Hérode, Jésus quitta l'Égypte sur une bête et retourna dans Son pays. Dans les deux cas, des gens ivres de pouvoir persécutent les prophètes de Dieu, essayant de détruire le plan de Dieu, et dans les deux cas, Dieu a pris soin de ses prophètes et Son peuple.

Puis Matthieu transmet un verset d'une troisième prophétie, du prophète Osée : « d'Egypte j'ai appelé mon fils » (Osée 11 : 1). C'est la première fois dans Matthieu que Jésus est appelé « mon fils ».

On sent déjà que Jésus assume l'histoire du peuple de Dieu. Le Christ est l'accomplissement du plan de Dieu pour toute l'humanité. Dieu a envoyé un prophète et un « Roi », le Messie[1], qui conduira toute l'humanité vers Dieu, lui offrant le salut, la vie éternelle, la vie avec Dieu.

Enfin, nous pouvons déjà remarquer dans la manière dont Jésus est né que, en tant que nouveau-né, il a pris le parti des persécutés. Il était la cible de la haine et de la brutalité alors qu'il était un enfant innocent. A sa naissance, il était déjà l'innocent que la brutalité tenterait de crucifier. Ce texte préfigure la mission de Jésus-Christ : un innocent qui a adopté une humanité opprimée, marginalisée et persécutée, et a été tué sur la croix en tant qu'innocent. Mais malgré tout, et à cause de tout, Il est le Prophète par excellence, annonçant le vrai visage de Dieu, non pas dans la ville raffinée et méchante de Jérusalem mais hors de ses murs, non pas en « pouvoir » mais dans le cri même sur la croix, et dans la résurrection victorieuse. La puissance de Dieu et la gloire de Dieu sont, en effet, l'être humain vivant (Jean 11 : 38-44).

---

[1] Messie : littéralement, l'oint de Dieu, et l'onction était un acte pour consacrer un roi.

19 JEAN BAPTISE JÉSUS
MATTHIEU 3 : 13-17

Alors Jésus vint de la Galilée au Jourdain vers Jean, pour être baptisé par lui. Mais Jean s'y opposait, en disant : c'est moi qui ai besoin d'être baptisé par toi, et tu viens à moi ! Jésus lui répondit : Laisse faire maintenant, car il est convenable que nous accomplissions ainsi tout ce qui et juste. Et Jean ne lui résista plus. Dès que Jésus eut été baptisé, il sortit de l'eau. Et voici, les cieux s'ouvrirent, et il vit l'Esprit de Dieu descendre comme une colombe et venir sur lui. Et voici, une voix fit entendre des cieux ces paroles : Celui-ci est mon fils bien- aimé, en qui j'ai mis toute mon affection ».

COMMENTAIRE

Précisons quelques mots. Premièrement, le nom Jean signifie « Dieu donne grâce », le nom Jésus signifie « Dieu sauve » et le mot « Évangile » signifie « la bonne nouvelle » ou « la nouvelle joyeuse ».

Jean invitait les gens à se repentir (c'est-à-dire à changer leur cœur pour faire le bien). Se repentir, c'est faire l'expérience d'une révolution intérieure dans la façon dont on vit. Par exemple, le péché nous pousse à voir les gens comme des moyens pour nos fins ; repentir, nous permet de les considérer comme des frères et des sœurs. La repentance n'est pas une tâche facile ; cela demande des efforts, mais l'expérience est joyeuse car libératrice. Le baptême de

Jean est un acte qui a représenté la transformation accomplie par la repentance. Les gens se sont plongés dans l'eau et se sont levés ; cet acte représente le sens de la repentance : mourir pour le péché et vivre une nouvelle vie. Le baptême en Jésus-Christ n'est pas de même. Il ne s'agit pas de se repentir, mais de recevoir le Saint-Esprit et de devenir membre de l'Église, membre du Corps de Jésus-Christ.

Mais Jésus est sans péché ; c'est pourquoi Jean veut l'empêcher de se faire baptiser. Mais Jésus insiste pour être baptisé comme tous les gens. Cela semble symbolique, alors examinons le symbole. L'Ancien Testament montre que les Hébreux traversent la Mer Rouge mais ne restent pas fidèles à Dieu : ils commencent à adorer des idoles, et du coup ils restent perdus dans le désert pendant 40 ans. De même, Jésus reste 40 jours dans le désert mais reste fidèle à Dieu (Marc 1 : 13). Matthieu semble nous faire comprendre que Jésus résume et accomplit en lui-même ce que les Hébreux étaient censés faire mais y échouaient : rester fidèles à Dieu. L'Ancien Testament appelle aussi le peuple de Dieu, Israël : « mon fils » ; mais ce « fils » a fréquemment quitté Dieu et l'a trahi. En opposition, Matthieu décrit Jésus comme le véritable Fils bien-aimé fidèle : « Celui-ci est mon Fils bien-aimé, celui qu'il m'a plu de choisir. » (Matthieu 3 : 17).

Aussi, dans l'Église, Jésus est souvent appelé le nouveau Moïse. Le nom de Moïse signifie « celui qui a été tiré hors de l'eau ». C'est un nom très révélateur : Jésus a été baptisé, donc Il a été littéralement tiré hors de l'eau, mais Il a aussi traversé la mort, et ainsi a été « tiré » de « l'eau » de la mort quand Il est ressuscité des morts. Aussi, comme Moïse, Jésus est le berger : « Son peuple alors se rappela les jours du temps de Moïse : Où est celui qui fit remonter de la mer le berger de son troupeau ? » (Esaïe 63 : 11). D'une certaine manière, le baptême préfigure la mort et la résurrection de Jésus-Christ. Sur la Croix, Jésus a clairement montré qu'Il est le nouveau Moïse, le vrai Fils et le vrai berger. Sur la croix, Dieu, à travers l'humanité de Jésus, a « goûté » la mort pour la vaincre. Sur la croix, Jésus-Christ est devenu l'ultime incarnation de Dieu comme amour sacrificiel, comme amour qui s'est donné « pour la vie du monde ». En effet, pour paraphraser saint Athanase d'Alexandrie, Dieu s'est fait homme pour que nous, êtres humains, devenions uni à Dieu par une union d'amour.

Après le baptême, « les cieux s'ouvrirent ». En Jésus, le mur de séparation entre le ciel et la terre est brisé (Éphésiens 2 : 14) - le ciel vient sur la terre. Et après la résurrection et la Pentecôte, le Saint-Esprit fera habiter indéfiniment le ciel en nous. « L'Esprit de Dieu descendre comme une colombe » indique que la promesse de la vie éternelle, l'aube du royaume, l'aube de la « nouvelle création » (2 Corinthiens 5 : 17) a commencé.

Lors de son baptême, Jésus a inauguré le royaume de Dieu.

20 JÉSUS COMMENCE SON MINISTÈRE
MATTHIEU 4 : 12-17

Jésus, ayant appris que Jean avait été livré, se retira dans la Galilée. Il quitta Nazareth, et vint demeurer à Capernaüm, située près de la mer dans le territoire de Zabulon et de Nephtali, afin que s'accomplisse ce qui avait été annoncé par Esaïe, le prophète : Le peuple de Zabulon et de Nephtali, de la contrée voisine de la mer, du pays au-delà du Jourdain, et de la Galilée des païens, ce peuple, assis dans les ténèbres, a vu une grande lumière ; et sur ceux qui étaient assis dans la région de l'ombre de la mort la lumière s'est levée. Dès ce moment Jésus commença à prêcher, et à dire : Repentez-vous, car le royaume des cieux est proche.

COMMENTAIRE

Jean-Baptiste a été arrêté par Hérode ; plus tard, il serait décapité. Sa capture a dû être ressentie comme une crise par ses disciples. Jean est le dernier des prophètes de l'Ancien Testament ; il est à la fin d'une ère qui a préparé le chemin pour « Celui qui est plus fort que moi vient après moi … vous baptisera d'Esprit Saint. » (Marc 1 :7-8).

Matthieu a écrit son évangile à un groupe de chrétiens convertis du judaïsme ; il était intéressé à démontrer que Jésus est le Christ que les Hébreux attendaient depuis longtemps. Nous pouvons remarquer qu'il a eu recours à un verset de l'Ancien Testament, plus précisément à Esaïe 9 : 1, pour souligner que Jésus est le Messie. Mais qui est ce Messie ? Il est celui qui sauve le peuple et dont le ministère est un ministère de service au peuple. Il est la lumière pour ceux qui étaient assis dans les ténèbres et la lumière de la vie pour ceux qui sont à l'ombre de la mort.

De même, lorsque Marc décrit Jésus-Christ, il recourt aux prophètes : « Ainsi qu'il est écrit dans le livre du prophète Esaïe, Voici, j'envoie mon messager en avant de toi, pour préparer ton chemin. Une voix crie dans le désert : Préparez le chemin du Seigneur, rendez droits ses sentiers. » (Marc 1 :2-3). Dans ce texte, Marc s'appuie sur Ésaïe 40 :3, « Une voix proclame : « Dans le désert dégagez un chemin pour le SEIGNEUR, nivelez dans la steppe une chaussée pour notre Dieu. », et s'appuie aussi sur un verset de l'Exode : « Je vais envoyer un ange devant toi pour te garder en chemin et te faire entrer dans le lieu que j'ai préparé. » (Exode 23 :20), où le peuple est dépeint comme allant vers un but : une terre.

Cependant, il pourrait y avoir une autre signification plus profonde. Dans l'Ancien Testament, outre la figure du peuple allant vers un but, on trouve aussi la figure de Dieu allant à la rencontre de son peuple : « Voici, j'envoie mon messager. Il aplanira le chemin devant moi » (Malachie 3 :1). Dans la tradition hébraïque, ce messager est le prophète Élie : « Voici que je vais vous envoyer Elie, le prophète, avant que ne vienne le jour du SEIGNEUR » (Malachie 3 :23). Jésus a annoncé qu'il avait vu Élie en Jean-Baptiste : « Certes, Elie vient d'abord et rétablit tout, mais alors comment est-il écrit du Fils de l'homme qu'il doit beaucoup souffrir et être méprisé ? Eh bien ! je vous le déclare, Elie est venu et ils lui ont fait tout ce qu'ils voulaient, selon ce qui est écrit de lui. » (Marc 9 : 12-13). Par conséquent, Jean-Baptiste était l'« Élie » attendu ; il annonce que Dieu, par Jésus Christ, vient vers Son peuple (et non l'inverse).

Moïse a guidé les gens de l'esclavage en Égypte à la liberté dans un autre pays. Dans un mouvement opposé, Jésus est la véritable « terre promise » : Il apporte le ciel sur la terre, au peuple. Il conduira le peuple de l'esclavage au péché à la liberté, et de la perdition au royaume des cieux. Dieu est amour, donc le royaume de Dieu est le royaume de l'amour ; c'est la nouvelle véritable terre promise pour toutes et à tous. L'Église est le nouvel Israël, le nouveau peuple de Dieu au service de toute l'humanité ; et le royaume des cieux, le royaume de la participation à la vie divine de Dieu (également connue sous le nom de déification), est la nouvelle terre promise pour tous les peuples, où tous les peuples sont invités à devenir des dieux par Jésus-Christ.

Mais comment Jésus offrira-t-il le royaume des cieux au peuple ? Le royaume n'est pas une promesse de l'au-delà, il est plutôt dans le présent ; il est « à portée de main » pour ceux qui se repentent. Alors que la repentance semble une « condition » qui nous est extérieure imposée par Dieu, la vérité est qu'elle n'est pas une condition extérieure à nous ; ce n'est pas une « condition » qui nous pousse à faire quelque chose contre notre nature et notre joie. Au contraire, le repentir est un changement dans le mode de vie, dans nos cœurs et nos actions, qui rend notre vie plus en harmonie avec notre vraie nature : nous somme nés d'un Dieu qui est Amour, et nous sommes nés à son image, et c'est pourquoi seul un mode de vie en harmonie avec l'amour nous permet de vivre en harmonie avec notre vraie nature, en harmonie avec Dieu. D'où les paroles de Jésus : « Repentez-vous, car le royaume des cieux est proche ». Jésus n'établit pas une condition extérieure à notre nature, mais nous rappelle simplement la *direction* dans laquelle se trouvent notre liberté, notre beauté, et notre joie : c'est-à-dire notre vrai moi.

Et comment Jésus va-t-il nous montrer son rôle messianique, sa nature de Messie, l'oint de Dieu ? En acceptant, par amour, la souffrance et la mort pour la vie du monde. Il est le Fils de l'homme, cette figure énigmatique, le serviteur souffrant de Dieu, qui apparaît dans Esaïe : « Nous avons proclamé sa présence comme un enfant, comme une racine dans une terre assoiffée. Il n'avait ni forme ni gloire, et nous L'avons vu ; et Il n'avait ni forme ni beauté. Mais en comparaison de tous les hommes, Sa forme manquait d'honneur. Il était un homme souffrant et savait supporter la maladie. Son visage s'est détourné, il a été déshonoré et méprisé. Il porte nos péchés, il souffre pour nous » (Ésaïe 53 :2-4).

Non par la force et la coercition, mais en mourant sur la croix, le Christ a montré la gloire de Dieu et réalisé son rôle messianique. Parfois, nous avons un comportement qui n'a rien avoir avec le Christ – nous essayons d'utiliser le christianisme pour exploiter, justifier la coercition, la guerre, le racisme, le vol de terres et l'oppression. Lorsque nous nous comportons ainsi, nous nous mettons en opposition avec le Christ : le Christ est étranger à de telles attitudes.

« Vous tous qui avez été baptisés en Christ, vous avez revêtu Christ. » (Galates 3 :27) est ce que nous chantons lors du baptême. Être chrétien, c'est vivre comme le Christ, donner sa vie pour la vie du monde, des « autres » : les êtres humains et toute la nature.

21 LES DIX LÉPREUX
LUC 17 : 12-19

Comme il entrait dans un village, dix lépreux vinrent à sa rencontre,. Se tenant à distance, ils élevèrent la voix, et dirent : Jésus, maître, aie pitié de nous ! Dès qu'il les eut vus, il leur dit : Allez-vous montrer aux sacrificateurs. Et, pendant qu'ils y allaient, il arriva qu'ils furent guéris. L'un d'eux, se voyant guéri, revint sur ses pas, glorifiant Dieu à haute voix. Il tomba sur sa face aux pieds de Jésus, et lui rendit grâces. C'était un Samaritain Jésus, prenant la parole, dit : Les dix n'ont-ils pas été guéris ! Et les neuf autres, ou sont-ils ! Ne s'est-il trouvé que cet étranger pour revenir et donner gloire à Dieu1 Puis il lui dit : lève –toi, va ; ta foi t'a sauvé.

COMMENTAIRE

Dans l'Évangile d'aujourd'hui, Jésus rencontre dix lépreux. La lèpre est une maladie dévastatrice qui provoque la perte de parties des extrémités. À l'époque de Jésus, les personnes atteintes de la lèpre étaient considérées comme « impures » sur le plan religieux et considérées comme hautement contagieuses sur le plan médical ; par conséquent, on leur a demandé de quitter la communauté. Ainsi, à l'époque, les personnes atteintes de la lèpre vivaient dans une extrême exclusion.

Les dix lépreux ont demandé miséricorde et Jésus les a guéris. Dans les évangiles, il existe de nombreux récits où Jésus a exprimé son amour pour les gens en les guérissant de maladies. Ses miracles étaient une expression de l'amour de Dieu pour nous. Nous remarquons que plusieurs fois, Jésus a demandé aux personnes qui ont été témoins de Ses miracles de garder le silence à leur sujet, car Il savait que les gens pourraient mal interpréter Ses miracles. En effet, au temps de Jésus, les gens attendaient un Messie qui établirait un royaume terrestre par la force et la coercition, par des batailles et des guerres ; certains ont même envisagé de le kidnapper pour le déclarer roi terrestre (Jean 6 : 15). Cependant, c'était une mauvaise interprétation de qui est le Messie. Jésus nous a montré le vrai visage du Messie ; Il nous a montré que la vraie gloire et la vraie puissance de Dieu ne sont pas dans la coercition, mais dans l'amour. Sur la croix, il nous a montré que la gloire de Dieu est amour sacrificiel « pour que le monde ait la vie » (Jean 6 : 51).

Le passage de Luc d'aujourd'hui nous montre que Jésus prend soin des démunis, des isolés, des solitaires, des rejetés, des exclus. Il a guéri les dix lépreux. Leurs corps étaient guéris, et donc leur vie sociale était guérie : les dix lépreux pouvaient enfin retourner vivre dans la communauté, se sentir accueillis et aimés. Cependant, un seul des lépreux guéris revint remercier Jésus : un Samaritain qui était religieusement « étranger » à la foi Hébreu. Cet « étranger » avait foi en Jésus et est allé au-delà de son gain personnel du miracle pour s'engager dans une relation personnelle avec Jésus.

La Bible nous invite à être comme Jésus et à prendre soin de « l'autre », de l'étranger, de l'immigré, du migrant, du « différent », de l'expulsé et de l'exclu de nos communautés et de nos sociétés. Aussi, soyons comme ce lépreux qui est revenu à Jésus pour le remercier de son amour et s'engager dans une relation personnelle avec lui.

Nous sommes entourés de miracles dans notre vie quotidienne : le miracle de l'amitié, le miracle de l'amour, le miracle d'un nouveau-né, d'un sourire, d'un rire d'enfant, d'un fils ou d'une fille qui devient adulte… Ne nous contentons pas de profiter ces miracles quotidiens mais reconnaissez-les comme tels et reconnaissez la personne derrière eux : notre Seigneur Jésus-Christ. Lisons-le dans la Bible, parlons-Lui, remercions-Lui, demandons Lui, même disputons avec Lui, restons silencieux avec Lui, et continuons à entretenir notre relation personnelle avec lui.

22 ZACHÉE LE COLLECTEUR D'IMPÔTS
LUC 19 : 1-10

Entré dans Jéricho, il traversait la ville. Survint un homme du nom de Zachée ; c'était un chef de publicains, et qui était riche. Et il cherchait à voir qui était Jésus, mais il ne le pouvait à cause de la foule, car il était petit de taille. Il courut donc en avant et monta sur un sycomore pour voir Jésus, qui devait passer par là. Arrivé en cet endroit, Jésus leva les yeux et lui dit : Zachée, descends vite, car il me faut aujourd'hui demeurer chez toi." Et vite il descendit et le reçut avec joie. Ce que voyant, tous murmuraient et disaient : Il est allé loger chez un pécheur ! Mais Zachée, résolument, dit au Seigneur : Oui, Seigneur, je vais donner la moitié de mes biens aux pauvres, et si j'ai fait du tort à quelqu'un, je lui rendrai le quadruple. Et Jésus lui dit : Aujourd'hui cette maison a reçu le salut, parce que celui-là aussi est un fils d'Abraham. Car le Fils de l'homme est venu chercher et sauver ce qui était perdu.

COMMENTAIRE

Comme saint Matthieu, Zachée était un collecteur d'impôts dont la mission était de percevoir un dixième du revenu d'une personne au nom de l'Empire romain. À cette époque, les collecteurs d'impôts étaient méprisés parce que (1) beaucoup escroquaient les gens pour garder de l'argent supplémentaire pour eux-mêmes, et (2) d'un point de vue religieux, ils étaient considérés comme des traîtres représentant une puissance païenne : César.

Dans le texte, nous pouvons remarquer que Zachée avait hâte de voir Jésus. Il a essayé de surmonter une barrière naturelle (sa petite taille) pour Le voir. Bien sûr, Zachée savait que les gens le méprisaient, alors les paroles de Jésus pour lui, « il me faut aujourd'hui demeurer chez toi », étaient inattendues. Zachée a dû être surpris, perplexe, voire choqué, et submergé de joie et probablement de remords, comme nous pouvons le constater par le changement qui s'est produit par la suite.

Jésus n'a pas emprisonné Zachée dans son passé, dans ses méfaits ; au lieu de cela, il le voyait comme une personne créée à l'image de Dieu. Ses paroles à Zachée, « il me faut aujourd'hui demeurer chez toi », auraient pu signifier pour Zachée : « Tu dois rester avec moi aujourd'hui. Nous serons ensemble même si tu es méprisé, même si tu as mal agi. Je serai avec toi parce que tu as mal agi. Je ne te laisse pas seul, je te veux mieux ; votre empressement à me voir traduit une timide volonté de changer, alors rejoigne-moi et change. En s'invitant dans la maison de Zachée, Jésus invitait Zachée à changer de cœur, à changer de mode de vie, à se repentir.

Comme d'habitude, le comportement de Jésus était scandaleux pour les gens qui suivaient la lettre de la loi : un pécheur doit être chassé du milieu des croyants ; il doit être méprisé. En effet, la plupart les croyants – y compris nous aujourd'hui – se comportent le plus souvent de cette façon ; nous nous comportons comme une tribu qui rejetterait toute personne ayant transgressé les normes sociales ou religieuses. Cependant, chasser – même si seulement mentalement - une personne de l'église est un comportement de pharisien - cela reflète un état d'esprit qui condamne les autres, un esprit d'autosuffisance et de fermeture : Je suis bon et juste, je suis meilleur que ce pécheur (voir Luc 18 : 10-14). Jésus a brisé cette attitude religieuse tribale et auto-vertueuse qui condamne les autres, et ce faisant, Il a démontré que « le Fils de l'homme est venu chercher et sauver ce qui était perdu. » (Luc 19 : 10), pour guérir les « malades » (Marc 2 :17).

Zachée était joyeux ; le message de Jésus a dû résonner dans son cœur et il a dû être profondément ému par l'attitude aimante de Jésus. Notre rencontre avec Jésus est toujours joyeuse ; Il est Celui qui frappe aux portes de nos cœurs, attendant que nous nous ouvrions *librement* : « Voici, je me tiens à la porte et je frappe. *Si* quelqu'un entend ma voix et ouvre la porte, j'entrerai chez lui et je prendrai la cène avec lui et lui avec moi. » (Apocalypse 3 :20). Si nous ouvrons nos cœurs et nos vies à Jésus, nous trouverons de la joie, et cette rencontre joyeuse induit un changement en nous, comme elle l'a fait en Zachée. En effet, cette joie a poussé Zachée à ressentir profondément son besoin de « la seule chose qui est nécessaire. » (Luc 10 :42). Sa rencontre avec Jésus s'est traduite par une découverte de la seule chose nécessaire, et sa découverte s'est traduite en action. Zachée a avoué ses méfaits verbalement, puis a avoué ses actes : il a rendu l'argent qu'il avait volé au quadruple. Lorsque Zachée s'est repenti, son comportement (pas ses paroles) a montré son vrai repentir et a incarné son changement intérieur ; ses actions ont été ses premiers pas dans son cheminement vers le but d'atteindre « la seule chose qui est nécessaire ». En grec, le mot que nous traduisons par « péché » signifie « manquer le but », et le mot « repentance » signifie « changement d'avis/de cœur » ; en effet, Zachée manquait le but en n'aimant pas ses voisins (en fait, il les exploitait). Après sa joyeuse rencontre avec Jésus, son cœur a changé et il a commencé à changer de mode de vie. Il a commencé une nouvelle vie en Christ.

Comme Zachée, nous ne devons pas attendre de nous repentir et de nous « nettoyer » par nos propres efforts pour rencontrer Jésus « après ». Au contraire, soyons curieux et désireux d'être avec Jésus, et comme Zachée, essayons de surmonter toute barrière pour être avec Lui et c'est Lui qui nous rend « nouveaux ». Ce n'est pas difficile à faire, car Jésus est dans nos cœurs, dans la Bible, dans les prières, dans les merveilles de la nature, dans de merveilleuses amitiés, dans le véritable amour, et particulièrement dans les marginalisés et les opprimés. Cette rencontre très joyeuse avec Lui changera nos cœurs et nous aidera à marcher vers un changement dur et joyeux dans notre façon de vivre.

Avec Jésus, nous ne sommes pas prisonniers de nos péchés, de nos méfaits passés. Avec lui, nous sommes à nouveau, nous sommes aimés, et le sien est « un amour fou » (selon les mots de saint Nicolas Cabasilas). Son amour forme en nous une « nouvelle création », mais seulement si nous le voulons. Laissons-nous vouloir.

23 LA PARABOLE DES TALENTS
MATTHIEU 25 : 14-30 ET LUC 8 : 8

Il en sera comme d'un homme qui, partant pour un voyage, appela ses serviteurs, et leur remit ses biens. Il donna cinq talents à l'un, deux à l'autre, et un au troisième, à chacun selon sa capacité, et il partit. Aussitôt celui qui avait reçu les cinq talents s'en alla, les fit valoir, et il gagna cinq autres talents. De même celui qui avait reçu les deux talents en gagna deux autres. Celui qui n'en avait reçu qu'un alla faire un creux dans la terre, et cacha l'argent de son maître. Longtemps après, le maître de ces serviteurs revint, et leur fit rendre compte. Celui qui avait reçu les cinq talents s'approcha, en apportant cinq autres talents, et il dit : Seigneur, tu m'as remis cinq talents, voici, j'en ai gagné cinq autres. Son maître lui dit ; C'est bien, bon et fidèle serviteur ; tu as été fidèle en peu de chose, je te confierai beaucoup ; entre dans la joie de ton maître. Celui qui avait reçu les deux talents s'approcha aussi, et il dit : Seigneur, tu m'as remis deux talents ; voici, j'en ai gagné deux autres. Son maître lui dit C'est bien, bon et fidèle serviteur ; tu as été fidèle en peu de chose, je te confierai beaucoup ; entre dans la joie de ton maître. Celui qui n'avait reçu qu'un talent s'approcha ensuite, et il dit ; Seigneur, je savais que tu es un homme dur, qui moissonnes ou tu n'as pas semé, et qui amasses ou tu n'as pas vanné ; j'ai eu peur, et je suis allé cacher ton talent dans la terre ; voici prends ce qui est à toi. Son maître lui répondit : Serviteur méchant et paresseux, tu savais que je moissonne ou je n'ai pas semé, et que j'amasse ou je n'ai pas vanné ; il te fallait donc remettre mon argent aux banquiers, et à mon retour, j'aurais retiré ce qui est à moi avec un intérêt. Ôtez-lui donc le talent, et donnez-le à celui qui a les dix talents. Car on donnera à celui qui a et il sera dans l'abondance, mais à celui qui n'a pas on ôtera même ce qu'il a. Et le serviteur inutile jetez-le dans les ténèbres du dehors, ou il y aura des pleurs et des grincements de dents

COMMENTAIRE

Ce texte biblique est l'une des paraboles utilisées par Jésus pour son enseignement sur le royaume de Dieu. Le « maître » qui a « voyagé » représente le Christ qui est monté au ciel et qui reviendra le jour du jugement. Les « serviteurs », c'est chacun de nous qui attend son retour. Le maître de la parabole a donné à chaque serviteur un « talent », qui est une unité d'argent qui vaut vingt ans de travail ! L'idée est que Dieu nous donne en abondance, et qu'Il nous donne différents dons et talents (au sens courant du terme) personnels, et Il attend de chacun de nous que ses talents se développent au cours de sa vie.

Le maître a donné « chacun selon ses capacités ». Nos talents sont différents, mais ils sont « selon nos capacités ». Chacun de nous a certaines capacités ; cela inclut les personnes handicapées qui, comme tout le monde, sont des personnes ayant certaines capacités et pas d'autres. Chacun doit utiliser ses talents personnels et y exceller : étudiants, mères, pères, chauffeurs de taxi, entrepreneurs, technologues, comptables, gestionnaires, ouvriers du bâtiment, prêtres, serveurs, enseignants, psychologues, artistes, médecins, ingénieurs, etc. Tout travail décent, rémunéré ou non, est important et chacun doit s'efforcer d'y exceller. Tout travail décent est une activité au cours de laquelle nous pouvons exprimer nos talents afin de faire profiter les autres et de nous épanouir. Jésus exige de nous que nous assumions la responsabilité de nos dons et que nous cherchions à les nourrir et à les faire grandir jusqu'à leur plein potentiel. Il avertit chacun de nous aujourd'hui de ne pas « cacher nos talents dans le sol », de ne pas les cacher par peur de l'échec ou de la société. La vie est pleine de difficultés, passées et présentes, au cours desquelles nous commettons des erreurs et des péchés ; néanmoins, il faut s'efforcer de regarder vers l'avenir et de travailler pour se développer. « Quiconque met la main à la charrue, puis regarde en arrière, n'est pas fait pour le Royaume de Dieu » (Luc 9 : 62).

Pourquoi devrions-nous nous efforcer de développer nos talents, nos dons ? On peut penser à de nombreuses raisons, mais en voici seulement trois.

La première est que chacun de nous est une personne unique (comme le Père, le Fils et le Saint-Esprit), et en tant que personnes, nous sommes créés avec des potentiels uniques, mais nous devons transformer ces potentiels en réalité. Nous devons être nous-mêmes ; personne d'autre ne peut le faire à notre place (Dieu nous soutient mais ne nous remplace pas). Réaliser notre plein potentiel nous rend plus heureux, plus satisfaits, plus nous-mêmes ; ça nous permet d'être pleinement avec les autres et avec Dieu.

Aussi, en étant nous-mêmes, en mettant nos talents au service des autres, nous établissons avec eux un lien humain qui nous met en communion. Saint Paul a utilisé la figure « d'un seul corps » avec de nombreux organes uniques pour décrire l'unité et la diversité dans l'Église. Ensemble, nous activons et développons nos talents, nos capacités, et surtout notre capacité à nous aimer les uns les autres ; ainsi, nous grandissons ensemble « à la taille du Christ dans sa plénitude » (Éphésiens 4 : 13).

La troisième raison pour laquelle nous devons nous efforcer de développer nos talents réside dans le fait que les gens ont besoin de nous – ils ont besoin de nos dons. Il est de notre responsabilité de servir les gens ici sur terre, et en les servant, nous aurons servi Jésus-Christ, et nous vivrons en Lui, et Lui en nous. Mais aussi, en servant les autres, nous nous servirons nous-mêmes, car en pratiquant nos talents, ils grandissent en nous ; en effet, « Car on donnera à celui qui a et il sera dans l'abondance, mais à celui qui n'a pas on ôtera même ce qu'il a » (Matthieu 25 : 29). Si nous ne travaillons pas à notre croissance, nos talents se figent et probablement régresse.

Un point demeure : une lecture littérale étroite du texte pourrait nous amener à penser qu'il est injuste et sévère de « jeter le serviteur sans valeur dans les ténèbres du dehors ». Cependant, nous ne devons pas lire le texte en isolément ; la Bible doit toujours être lue à la lumière des paroles et des actions de Jésus-Christ réparties dans les Écritures. Jésus n'a jamais chassé personne, pas même Judas. Il n'a jamais fait de mal à personne. Ses miracles n'ont jamais été faits pour faire du mal aux gens mais pour servir la vie en eux. Jésus a dit clairement que le Père « fait lever son soleil sur les méchants et sur les bons, et tomber la pluie sur les justes et les injustes » (Matthieu 5 : 45). La parabole est là pour nous permettre d'en comprendre le sens central. Le message de la parabole est de montrer la responsabilité personnelle de chacun de nous envers soi-même, envers les autres et envers Jésus-Christ. Même l'aide n'est pas une « punition » infligée par Dieu ; comment cela pourrait-il être le cas alors que nous savons que Dieu est Amour ? Saint Isaac le Syrien (résident du pays appelé actuellement Qatar, VIIe siècle) a clarifié ce point avec éloquence lorsqu'il a écrit qu'« il est complètement faux de penser que les pécheurs sont privés de l'amour de Dieu… La puissance de l'Amour agit de deux manières différentes : elle devient une souffrance pour les pécheurs et joie pour ceux qui ont vécu conformément à Lui. »

Osons regarder vers l'avenir et travailler à la croissance des dons de notre Dieu en nous, animés par l'Esprit Saint, par l'Amour du Christ pour chacun de nous personnellement, envers chaque être humain et envers Son monde créé.

24 LA FEMME CANANÉENNE
MATTHIEU 15 : 21-28

Jésus, étant parti de là, se retira dans le territoire de Tyr et de Sidon. Et voici, une femme cananéenne qui venait de ces contrées, lui cria : Aie pitié de moi, seigneur, Fils de David ! Ma fille est cruellement tourmentée par le démon. Il ne lui répondit pas un mot et ses disciples s'approchent, et lui dirent avec instance : Renvoie-la, car elle crie derrière nous. Il répondit : je n'ai été envoyé qu'aux brebis perdues de la maison d'Israël. Mais elle vint se prosterner devant lui disant : Seigneur, secours-moi ! Il répondit : Il n'est pas bien de prendre le pain des enfants, et de le jeter aux petits chiens. Oui, Seigneur, dit-elle, mais les petits chiens mangent les miettes qui tombent de la table de leurs maîtres. Alors Jésus lui dit : Femme, ta foi est grande ; qu'il te soit fait comme tu veux. Et, à l'heure même, sa fille fut guérie.

COMMENTAIRE

Tyr est une ville du Liban actuel à l'est de la mer Méditerranée, à environ 60 km au nord-ouest de la mer de Galilée (le lac de Tibériade) en Palestine où Jésus avait l'habitude de prêcher. Les gens de Tyr étaient des païens, donc Jésus était parmi les « étrangers » aux Hébreux, la communauté religieuse à qui Il a adressé Son message au début de Son ministère. Une païenne cananéenne a demandé à Jésus de sauver sa fille : elle a insisté, elle ne s'est pas arrêtée, elle l'a suivi.

Malgré son expérience douloureuse, elle est restée dans une communication de foi avec Jésus (faites-nous la même chose lors de nos expériences douloureuses ?).

Les disciples étaient gênés par elle (ne sommes-nous pas gênés parfois par les expériences douloureuses des gens ?). Jésus lui a dit qu'il avait été envoyé « seulement » aux « brebis perdues » de la maison d'Israël. Saint Marc mentionne que Jésus a dit qu'il a été envoyé « *d'abord* » à eux (et non « qu'à » eux) : « Laisse *d'abord* les enfants se rassasier » (Marc 7 : 27). C'est un détail petit mais crucial : le salut de Jésus est aussi pour les païens, il est pour toute l'humanité, même si Jésus a commencé à prêcher Son message à la communauté qui attendait le Messie.

La femme n'accepte pas la réponse de Jésus ; elle le critique comme injuste et insiste, « Aidez-moi. » Jésus semble avoir été « contraint » par sa réponse et son insistance ; d'une certaine manière, la situation ici fait écho à celle de l'interaction que Jésus a eue avec la femme avec le flux de sang qui a touché son vêtement et a été guérie. La Bible mentionne que Jésus sentit « qu'une puissance était sortie de lui » (Marc 5 : 30), comme si Jésus était « contraint » de donner une réponse à la foi de que cette femme a en lui. Ici aussi, la foi de la femme cananéenne « étrangère » (c'est à dire, qui ne fait pas partie du peuple Hébreu qui a foi en Dieu) pousse Jésus à dépasser sa position initiale et à l'aider.

Le message central du texte est que le salut apporté par Jésus-Christ n'est pas exclusif à un certain groupe de personnes mais ouvert à toutes et à tous. En effet, Jésus loue la foi de la femme comme « grande ». Lorsque Jésus était sur la croix, un autre païen a montré une grande foi en lui : le centurion qui s'est exclamé : « Vraiment cet homme était le Fils de Dieu ! » (Marc 15 : 39). À ce moment crucial où la Gloire de Dieu a brillé sur la croix comme un amour sacrificiel, un païen a déclaré sa foi en Jésus-Christ. En effet, l'Évangile (littéralement : « bonne nouvelle ») n'est pas offert pour une certaine nation mais pour toutes et à tous.

Pour les chrétiennes et chrétiens d'origine païenne de l'époque, et pour l'Église de tous les temps, y-inclus notre temps aujourd'hui, ce message est profondément important : la « bonne nouvelle » est offerte à toutes et à tous. Aucune communauté ne détient la « bonne nouvelle » ; aucune communauté ne peut revendiquer l'exclusivité sur le Christ. Nous sommes tenus de continuellement briser les « frontières » de nos cœurs, de notre église, pour être inclusifs. La présence de Jésus au centre de son église est une responsabilité pour les chrétiens et non un privilège : nous devons refléter sa lumière afin qu'elle brille pour toutes et à tous ; en effet, on « n'allume pas une lampe et la met sous une corbeille, mais sur un chandelier, et elle éclaire tous ceux qui sont dans la maison » (Matthieu 5 : 15).

Par sa réponse et ses paroles, Jésus déclare que Dieu est le Père de tous les peuples et que Jésus est le Sauveur de tous les peuples. Cette déclaration reste vraie à travers le temps. Aucune nationalité et aucun groupe de croyants ne possèdent Jésus. Nous ne devons pas emprisonner Jésus dans nos nationalités, langues, cultures, structures, habitudes, traditions, etc., ni l'identifier avec eux ; une telle attitude serait idolâtre et nous ramènerait à adorer des « choses » créées par l'homme qui « ont une bouche, et ne parlent pas » (Psaume 115 : 5). Malheureusement, bien souvent, nous laissons l'esprit de division travailler en nous : « nous » sommes issus de ce milieu national/culturel/langue/sexe/race/statut social, et « ils » ne le sont pas !

Les constructions humaines, telles que la langue, la culture et la nation, sont bonnes pour unir les gens, mais elles ne doivent pas être identifiées à Jésus ou à son Église. La confusion entre l'Église et une certaine nation équivaut à une hérésie moderne - et en effet, l'églises orthodoxes ont condamné des attitudes telles que l'ethnophylétisme lors d'un synode panorthodoxe à Constantinople le 10 septembre 1872.

Aussi, Jésus est sûrement dans Son Église, mais Il ne doit pas être assimilé à ses structures. En tant que Dieu, Il reste libre des structures visibles de l'Église même s'Il a établi l'Église. Toute attitude qui tente d'emprisonner Jésus dans certaines limites est idolâtre, est une

« mauvaise nouvelle », un reniement de Jésus-Christ, le Fils incarné de Dieu le Père de tous, un reniement de la « bonne nouvelle » qu'est Jésus-Christ, le Fils de Dieu mort pour toutes et à tous sur la croix, et ressuscité pour toutes et à tous.

25 LA PARABOLE DU PHARISIEN ET DUCOLLECTEUR D'IMPÔTS
LUC 18 : 10-14

Jésus dit la parabole que voici:" Deux hommes montèrent au Temple pour prier; l'un était pharisien et l'autre collecteur d'impôts. Le pharisien, debout, priait ainsi en lui-même : "O Dieu, je te rends grâces de ce que je ne suis pas comme les autres hommes, qui sont voleurs, malfaisants, adultères, ou encore comme ce collecteur d'impôts. Je jeûne deux fois par semaine, je paie la dîme de tout ce que je me procure". Le collecteur d'impôts, se tenant à distance, ne voulait même pas lever les yeux au ciel, mais il se frappait la poitrine en disant : "Mon Dieu, prends pitié du pêcheur que je suis." Je vous le déclare ; celui-ci redescendit chez lui justifié, et non l'autre, car tout homme qui s'élève sera abaissé, mais celui qui s'abaisse sera élevé".

COMMENTAIRE

Au verset 18 : 9, non inclus dans la lecture, Luc explique le contexte de cette parabole : Jésus « a dit cette parabole à certains qui se faisaient confiance en eux-mêmes et méprisaient les autres ». Les Pharisiens (littéralement « séparatistes ») étaient un groupe d'enseignants de la Loi. Ils se séparèrent du reste du peuple, les méprisèrent parce qu'ils ne connaissaient pas les détails de la Loi, et les considérèrent comme maudits par Dieu, disant : « cette masse qui ne connaît pas la Loi, des gens maudits ! » (Jean 7 : 49). Aujourd'hui, nous pouvons les comparer à des « théologiens » formés – ou autoproclamés – qui connaissent mieux que la plupart d'entre nous les détails du dogme et de l'histoire de l'Église.

Jésus a parlé à des gens qui, comme les pharisiens, « avaient confiance en eux-mêmes » et méprisaient les autres. En comparaison, Saint Paul nous conseille que « notre confiance ne pouvait plus se fonder sur nous-mêmes, mais sur Dieu qui ressuscite les morts » (2 Corinthiens 1 : 9) et peut transformer nos cœurs pour qu'ils soient aimants et compatissants.

Dans la parabole, le pharisien semble un bon croyant pratiquant. Il jeûnait deux fois par semaine, bien plus que ce qui est requis par la Loi (une fois par an) ; il payé la taxe de la dîme (le dixième) pour tout ce qu'il possédait, y compris les choses non requises par la Loi (Deutéronome 14 :22-29) comme la menthe, l'anis et le cumin (Matthieu 23 : 23) ; et surtout, sa prière tournait autour de remercier Dieu.

Cependant, au fond, ce pharisien était absorbé dans une sorte de monologue au lieu d'un dialogue ; non seulement il était déconnecté de l'autre être humain présent dans la parabole, mais aussi il le méprisait. De plus, la prière de ce pharisien se concentrait sur lui-même et ses réalisations au lieu de contempler Dieu, et de reconnaître sous sa lumière à la fois ses propres péchés et la miséricorde de Dieu qui ouvre la porte de la repentance pour chaque être humain. Il est important de toujours se rappeler que le péché dans la langue grecque signifie « manquer le but », c'est-à-dire le but d'aimer Dieu et les autres, et que la repentance signifie « changer de mentalité », changer notre mode de vie. En effet, rien n'a changé chez ce pharisien : le texte le reflète comme une personne contente de lui-même et dont le cœur est fermé aux autres. Il méprise la personne à côté de lui : « Je ne suis pas… comme *ce* collecteur d'impôts. » Ces mots reflètent la même attitude de mépris que nous voyons dans la parabole du « fils perdu » ; dans cette parabole, le fils aîné et fidèle se plaint à son père : « Mais quand *ton* fils que voici est arrivé, lui qui a mangé ton avoir avec des filles, tu as tué le veau gras pour lui ! » (Luc 15 : 30).

D'un autre côté, le collecteur d'impôts (qui volait les gens à cette époque) a reconnu ses « péchés ». Son langage corporel et ses paroles le montraient clairement : il « se tenait loin », « ne levait même pas l'œil », « se frappait la poitrine », disant qu'il était un pécheur et demandant miséricorde. Il reconnaît profondément qu'il manque la cible, qu'il manque le but, et demande pardon à Dieu. Jésus conclut que le collecteur d'impôts était « justifié » par Dieu. Dieu, qui est Amour, s'ouvre toujours pour nous ; nous n'avons qu'à faire les démarches pour être avec Lui, aimer, reconnaître nos péchés, reconnaître que la source de notre vie est en Lui, nous repentir, vouloir changer notre mode de vie ; il nous suffit de reconnaître que nous avons besoin de sa grâce pour aimer les autres au lieu de les mépriser. La miséricorde de Dieu est infinie, et pour être avec Lui, nous devons être comme Lui ; cela, nous pouvons le faire avec l'aide du Saint-Esprit qui renforce en nous l'image de Dieu et la fait grandir à sa ressemblance afin que nous devenions aimants et miséricordieux, et en étant ainsi, nous permettons son amour et sa miséricorde briller sur les autres à travers nous.

Pour que nos prières soient recevables, nous ne devons pas être imbus de nous-mêmes, de notre connaissance des écritures, de nos pratiques (prières, jeûnes, rites), ni nous contenter de nos « progrès » dans nos vies « spirituelles ». Pour que notre prière soit recevable, elle doit ressembler à la prière du collecteur d'impôts : faire confiance à « Dieu qui ressuscite les morts » et qui ressuscite nos cœurs morts de chaque « vallée de l'ombre de la mort » dans laquelle nous nous mettons.

26 LA PARABOLE DU FILS PERDU
LUC 15 : 11-32

Il dit encore: "Un homme avait deux fils. Le plus jeune dit à son père : "Père, donne-moi la part de bien qui doit me revenir". Et le père leur partagea son avoir. Peu de jours après, le plus jeune fils, ayant tout réalisé, partit pour un pays lointain et il y dissipa son bien dans une vie de désordre. Quand il eût tout dépensé, une grande famine survint dans ce pays, et il commença à se trouver dans l'indigence. Il alla se mettre au service d'un des citoyens de ce pays qui l'envoya dans ses champs garder les porcs. Il aurait bien voulu se remplir le ventre des gousses que mangeaient les porcs, mais personne ne lui en donnait. Rentrant alors en lui-même, il se dit : « Combien d'ouvriers de mon père ont du pain de resté, tandis que moi, ici, je meurs de faim ! » Je vais aller vers mon père et je lui dirai : « Père, j'ai péché envers le ciel et contre toi. Je ne mérite plus d'être appelé ton fils. Traite-moi comme un de tes ouvriers ». Il alla vers son père. Comme il était encore loin, son père l'aperçut et fut pris de pitié : il courut se jeter à son cou et le couvrit de baisers. Le fils lui dit : « Père, j'ai péché envers le ciel et contre toi. Je ne mérite plus d'être appelé ton fils... ». Mais le père dit à ses serviteurs : « Vite, apportez la plus belle robe, et habillez-le ; mettez-lui un anneau au doigt, des sandales aux pieds. Amenez le veau gras, tuez-le, mangeons et festoyons, car mon fils que voici était mort et il est revenu à la vie, il était perdu et il est retrouvé ». Et ils se mirent à festoyer. Son fils aîné était aux champs. Quand, à son retour, il approcha de la maison. Il entendit de la musique et des danses. Appelant un des serviteurs, il lui demanda ce que c'était. Celui-ci lui dit : « C'est ton frère qui est arrivé, et ton père a tué le veau gras parce qu'il l'a vu revenir en bonne santé ». Alors il se mit en colère, et il ne voulait pas entrer. Son père sortit pour l'en prier ; mais il répliqua à son père « Voilà tant d'années que je te sers sans avoir jamais désobéi à tes ordres ; et, à moi, tu n'as jamais donné un chevreau pour festoyer avec mes amis. Mais quand ton fils que voici est arrivé, lui qui a mangé ton avoir avec des filles, tu as tué le veau gras pour lui ! » Alors le père lui dit : « on enfant, toi, tu es toujours avec moi, et tout ce qui est à moi est à toi. Mais il fallait festoyer et se réjouir, parce que ton frère que voici était mort et il est vivant, il était perdu et il est retrouvé ».

COMMENTAIRE

Jésus décrit trois personnages dans cette parabole : le père, le fils cadet perdu et le fils aîné fidèle. Le fils cadet interroge le père sur son héritage alors que le père est vivant ; c'est quelque chose d'inhabituel ! On sent déjà que pour le fils, le père est déjà « mort » : le fils se concentre sur la propriété. Mentalement, émotionnellement, un fossé s'est déjà établi entre son cœur et son père. Le comportement du père est celui d'une grande gentillesse, puisqu'il a partagé les parts également. Des années plus tard, le plus jeune a pris ses distances non seulement intérieurement mais aussi physiquement ; il est allé dans un autre pays, où il a dépensé sa part de l'héritage, était affamé et sur le point de mourir. Sa mort était d'abord spirituelle, et plus tard, elle était presque physique. Le fils cadet a créé un mur de séparation entre luii-même et son père et son frère, et du même coup, il a créé un mur de séparation entre lui-même et son vrai moi. Il suffoquait spirituellement. Il a non seulement perdu son amour pour « les autres », mais il a aussi perdu son amour pour lui-même. En s'éloignant des autres, il s'éloignait aussi de lui-même et devenait étranger à lui-même. En effet, nous pouvons remarquer que lorsque Jésus décrit le retour du fils, Il commence par dire « rentrant alors en lui-même » pour dire que le fils cadet revint à lui-même. Le fils était éloigné de lui-même et ce n'est que lorsqu'il « rentre alors en lui-même » qu'il s'est reconnecté à l'aspiration de son propre cœur et qu'il a réalisé sa famine spirituelle. Jésus a dit un jour que l'un des grands commandements est « d'aimer ton prochain comme toi-même » (Marc 12 : 31). En disant cela, Jésus a reconnu qu'il faut s'aimer, mais s'aimer vraiment ne signifie pas un comportement égoïste ; au contraire, cela signifie se comporter d'une manière qui sert la vie en soi-même – et nous savons que la Vie, c'est Jésus-Christ, et que c'est Dieu qui est Amour. S'aimer, c'est aimer Dieu et les autres. Lorsque le fils cadet est revenu à lui-même, il s'est rendu compte qu'il ne s'aimait pas lorsqu'il se concentrait sur les propriétés et se coupait de la communion. Il comprit que pour s'aimer, il devait retourner vers son père et son frère aîné, vers la communion. Son comportement égoïste passé l'a chassé des relations d'amour et a privé son âme de l'amour et de compassion. La situation du fils cadet décrit notre propre situation lorsque nous sommes loin de la communion avec Dieu et les autres.

Le fils perdu est un modèle pour nous tous. Loin de Dieu-Amour, nous mourons de faim existentiellement ; nous manquons le besoin de notre cœur. Nous avons besoin de retourner à Dieu, de changer nos vies, de nous repentir, d'être vraiment. En préparation du Grand Carême, l'Église a intentionnellement mis cette lecture de la Sainte Bible dans la messe pour nous encourager à avancer vers une relation d'amour avec Dieu et avec le prochain. Quels que soient nos péchés, nous pouvons changer et avancer vers Dieu ; Dieu qui est en nous plus proche de nous que nous-même. Nous pouvons nous repentir et admettre nos péchés. Dieu le Père acceptera notre retour vers Lui de la perdition, comme le père de ce fils perdu l'a accepté sans hésitation.

Le fils aîné était en colère ; au lieu d'être heureux du retour de son frère, il était jaloux. Il était fidèle au père mais ne voulait l'amour du père que pour lui-même. Il était égoïste dans sa relation avec le père ; il voulait le père pour lui seul et son frère « dehors » pour toujours.

Son comportement reflète le fait qu'il s'est éloigné de son frère. Il n'a pas appelé le fils cadet un frère ; au lieu de cela, il l'a désigné comme « ton fils ». Lui aussi avait un fossé établi entre son cœur et son frère.

Le père attendait toujours le retour de son fils ; il n'a jamais cessé de l'aimer. On peut l'imaginer attendant et regardant l'horizon : « *alors qu'il était encore loin*, son père le vit et eut de la compassion, et courut et l'embrassa et l'embrassa ». Le Père attend toujours. Il dit toujours « oui » à un acte de repentance, à un acte de retour à soi et à Lui. Il répond toujours non par la condamnation, non par la réprimande, il ne nous répond pas en nous faisant sentir mal à propos de notre passé mais par compassion et partage de sa Vie (Luc 15 : 7). En effet, une fois que le fils cadet a admis que son comportement était mauvais, une fois qu'il s'est repenti et est *revenu* à lui-même et à son père, le père n'a pas discuté, n'a pas posé de questions sur un comportement antérieur ; il se réjouit seulement et célèbre : « Je vous le déclare, c'est ainsi qu'il y aura de la joie dans le ciel pour un seul pécheur qui se convertit, plus que pour quatre-vingt-dix-neuf justes qui n'ont pas besoin de conversion. » (Luc 15 : 7).

L'amour du père est sa seule réponse. Il sait que son fils était « mort » alors qu'il était loin de l'Amour et que maintenant il est vivant, qu'il était perdu et que maintenant il est retrouvé : sa famille l'a trouvé, et il s'est retrouvé. Une célébration est due, la joie est due.

27 LE ROYAUME DE DIEUX EST AMOUR ACTIF
MATTHIEU 25 : 31-46

Le Seigneur a dit cette parabole : Quand le Fils de l'homme viendra dans sa gloire, accompagné de tous les anges, alors il siégera sur son trône de gloire. Devant lui seront rassemblées toutes les nations, et il séparera les hommes les uns des autres, comme le berger sépare les brebis des chèvres. Il placera les brebis à sa droite et les chèvres à sa gauche. Alors le roi dira à ceux qui seront à sa droite : Venez les bénis de mon Père, recevez en partage le Royaume qui a été préparé pour vous depuis la fondation du monde. Car j'ai eu faim et vous m'avez donné à manger : j'ai eu soif et vous m'avez donné à boire : j'étais un étranger et vous m'avez recueilli : nu, et vous m'avez vêtu ; malade, et vous m'avez visité ; en prison, et vous êtes venus à moi. Alors les justes lui répondront : Seigneur, quand nous est-il arrivé de te voir affamé et de te nourrir, assoiffé et de te donner à boire ? Quand nous est-il arrivé de te voir étranger et de te recueillir, nu et de te vêtir ? Quand nous est-il arrivé de te voir malade ou en prison, et de venir à toi ? Et le roi leur répondra : En vérité, je vous le déclare, chaque fois que vous l'avez fait à l'un de ces plus petits qui sont mes frères, c'est à moi que vous l'avez fait ! Alors il dira à ceux qui sont à sa gauche : Allez-vous en loin de moi, maudits au feu éternel qui a été préparé pour le diable et pour ses anges. Car j'ai eu faim et vous ne m'avez pas donné à manger : j'ai eu soif et vous ne m'avez pas donné à boire : j'étais un étranger et vous ne m'avez pas recueilli ; nu, et vous ne m'avez pas vêtu ; malade et en prison, et vous ne m'avez pas visité. Alors eux aussi répondront : Seigneur, quand nous est-il arrivé de te voir affamé ou assoiffé, étranger ou nu, malade ou en prison, sans venir t'assister ? Alors il leur répondra : En vérité, je vous le déclare, chaque fois que vous ne l'avez pas fait à l'un de ces plus petits, à moi non plus vous ne l'avez pas fait. Et ils s'en iront, ceux-ci au châtiment éternel, et les justes à la vie éternelle.

COMMENTAIRE

C'est l'un des textes cruciaux avant le Grand Carême. Le jour du jugement est décrit par Jésus d'une manière très concrète. Jésus « le Fils de l'homme » va « séparer » les gens : en grec, langue originelle des Évangiles, « juger » signifie « séparer ». Le jour du jugement est un jour où les gens seront séparés en fonction de leurs actes. Jésus est clair que le jour du jugement, il vient dans Sa gloire, et que même s'Il nous a enseigné de prier et de jeûner (Marc 9 : 29), il ne nous demandera pas quelles idées nous avions à son sujet, ni du nombre de fois que nous avons prié ou du nombre de jours de jeûne. Jésus précise que la foi, la prière, le jeûne, et par extension toute autre pratique religieuse, ne sont pas des buts en eux-mêmes mais des moyens vers un autre but, celui de l'amour : l'amour envers les faibles, les affamés, les assoiffés ; l'amour non pas comme un sentiment mais comme une action que nous faisons envers les pauvres, les affamés, les marginalisés, les opprimés. Bien sûr, aimer Dieu est aussi le but, mais aimer Dieu et aimer les autres, en particulier les marginalisés, sont un acte inséparable (1 Jean 4 : 20).

Les paroles de Jésus dans ce texte sont si puissantes. Il exprime une idée radicale : je suis l'opprimé, je suis le faible, je suis le marginalisé. Si vous voulez me trouver, cherchez-les ; si vous leur faites quelque chose, c'est à moi que vous le faites. C'est un message très puissant qui a des implications tangibles dans notre vie quotidienne. Nous avons tendance à honorer et à rechercher les « puissants » sociaux ; nous avons tendance à respecter les riches, les célébrités, les personnes en position de pouvoir économique ou politique. Nous avons tendance à être hypnotisés par le pouvoir (et l'argent n'est qu'un moyen de pouvoir). Les paroles que Jésus nous adresse aujourd'hui sont un signal d'alarme : prenez soin de ceux qui sont marginalisés, car je m'identifie en eux ; vous devriez me reconnaître en eux.

Cependant, Jésus indique une autre responsabilité. Il ne suffit pas de s'abstenir de faire de mauvaises actions, et il ne suffit pas de faire du bien aux marginalisés. Jésus indique quelque chose de nouveau : nous ne devons pas être des spectateurs, nous ne pouvons pas nous contenter de ne pas faire de mal tout en ne nous souciant pas du sort des opprimés, nous ne pouvons pas nous empêcher de faire le bien alors que nous pouvons le faire. « Chaque fois que vous ne l'avez pas fait à l'un de ces plus petits, à moi non plus vous ne l'avez pas fait. » Nous sommes responsables de faire activement le bien et de prendre soin du sort des opprimés et des marginalisés. Ses paroles sont un avertissement pour chacun de nous, et nous tous ensemble, que lorsque nous ne nous soucions pas des opprimés, du sort des autres, nous ne nous soucions pas de Jésus lui-même, et nous risquons d'être parmi ceux qui sont « dehors » Son Royaume.

Les implications de Ses paroles ne sont pas seulement personnelles mais aussi sociétales. Si nous voulons notre argent uniquement pour nous-mêmes et que nous ne voulons pas le partager avec les pauvres, que ce soit par la charité ou par des impôts qui paient pour le bien social commun (comme l'éducation ou les soins de santé) ; si nous ne soutenons pas les politiques et les projets qui permettent de partager la richesse de la nation avec les pauvres et les marginalisés, nous risquons de tourner le dos à Jésus-Christ. Les paroles de Jésus-Christ ne sont jamais abstraites ; ils ont toujours une implication pratique dans notre vie quotidienne.

D'une certaine manière, Jésus dit qu'au jour du jugement, notre sort dépend entièrement de nous ; Il ne nous « juge » pas d'une manière juridique (« Moi, je ne juge personne » ; Jean 8 : 15). Notre destin est entre nos mains, ici et maintenant. Cela dépend vraiment de nous : chaque jour, nous sommes libres de choisir d'être avec Lui ou de Lui quitter. Au jour du jugement, l'état de nos cœurs nous sera connu, et nous ne pourrons plus échapper à notre vérité intérieure : avons-nous activement pris soin des autres – en particulier les marginalisés – ou non ? D'une certaine manière, chaque jour, nous nous jugeons sur nos propres actions. Le jour du jugement commence ici et maintenant (« l'heure vient – et maintenant elle est là » ; Jean 5 : 25), et il ne nous sera révélé clairement que « Quand le Fils de l'homme viendra dans sa gloire » (Matthieu 25 : 31).

Le Grand Carême qui commencera dans une semaine n'a aucun sens sans notre amour actif et pratique qui se traduit par le soin et le partage avec les opprimés et les marginalisés. Sur le plan social, cela se traduit par un travail sans relâche pour éliminer l'injustice des politiques et des structures de nos sociétés. L'Église nous rappelle aujourd'hui que le Grand Carême n'est pas un exercice de régime, mais un exercice de repentir actif, d'amour actif pour Jésus-Christ et pour les marginalisés, car les deux sont inséparables.

28 LE PARDON
MATTHIEU 6 : 14-21

L e Seigneur dit : En effet si vous pardonnez aux hommes leurs fautes, votre Père céleste vous pardonnera à vous aussi ; mais si vous ne pardonnez pas aux hommes, votre Père non plus ne vous pardonnera pas vos fautes. Quand vous jeûnez, ne prenez pas un air sombre, comme font les hypocrites : ils prennent une mine défaite pour bien montrer aux hommes qu'ils jeûnent. En vérité, je vous le déclare : ils ont reçu leur récompense. Pour toi, quand tu jeûnes, parfume-toi la tête et lave toi le visage, pour ne pas montrer aux hommes que tu jeûnes, mais seulement à ton Père qui est là dans le secret ; et ton Père, qui voit dans le secret, te le rendra. Ne vous amassez pas de trésors sur la terre, où les mites et les vers font tout disparaître, où les voleurs percent les murs et dérobent. Mais amassez-vous des trésors dans le ciel, où ni les mites ni les vers ne font de ravages, où les voleurs ne percent ni ne dérobent. Car où est ton trésor, là aussi sera ton cœur.

COMMENTAIRE

Le Carême commence. Dimanche dernier, le texte que nous avons lu dans la Bible a lié le jour du jugement à notre amour actif : partager avec les marginalisés et les opprimés et prendre soin d'eux (Matthieu

25 : 31-46). Aujourd'hui, le texte tourne autour de notre rapport aux autres. Jésus nous demande de pardonner aux autres comme Dieu nous pardonne, de jeûner sans orgueil, et d'aimer Dieu car il est notre trésor et notre vie.

Demander pardon à Dieu pour soi tout en refusant notre pardon aux autres est une attitude hypocrite. Pardonner ne signifie pas que nous devons nier notre sentiment de haine ou notre besoin de rétablir la justice ; au contraire, si nous ne rétablissions pas la justice, ou du moins essayons de le faire, il y aurait plus de chances que la haine persiste. Pardonner, c'est haïr un acte maléfique et le combattre pour restaurer la justice et la dignité, mais permettre qu'une réconciliation ait lieu, non à n'importe quel prix, n'importe comment, mais sur la base de la vérité et de la justice. Le pardon, c'est haïr le mal, le combattre et ouvrir une porte au malfaiteur pour qu'il se repente, change ses habitudes, admette l'erreur et agisse dans le respect de la dignité humaine.

Un autre comportement est également décrit par Jésus comme hypocrite : utiliser le jeûne comme moyen de se faire valoir. Le jeûne est un moyen vers un but, pas un but en soi ; c'est un outil pour confirmer, non seulement par les mots et dans l'esprit mais aussi par notre corps et notre psyché, que la source de notre vie n'est pas la nourriture mais Dieu.

Nous exprimons notre amour à Dieu tout au long de l'année, en paroles (prières) et, espérons-le, en actes de charité et de partage. Pour les fidèles, *Dieu est Vie*. Nous pouvons exprimer cette foi en paroles et en esprit pendant la prière ; cependant, pour tester que nos paroles sont vraies, pendant le carême nous exprimons cette foi en notre corps en renonçant à la viande et aux produits animaux qui nous nourrissent. Le Carême est un moyen d'exprimer à travers notre corps (et aussi notre psyché) qu'Il est La Vie et La Source de nos vies. La consommation alimentaire n'est pas mauvaise en soi ; la nourriture est un don de Dieu dont nous avons besoin et que nous devons tous partager. En renonçant volontairement à certains apports alimentaires (viande, produits animaux), nous pouvons exprimer notre conviction que la nourriture n'est pas la source de la vie, mais que le Christ est : « Je suis le chemin, la vérité et *la vie* » (Jean 14 : 6). En jeûnant, nous nous concentrons sur la personne de Dieu qui nous a fait don de la nourriture, au lieu de nous concentrer sur ses dons. On peut faire un parallèle avec une relation amoureuse. Lorsqu'un amant offre un cadeau à son être cher, on s'attend à ce que l'être aimé reconnaisse que ce cadeau est une expression d'amour personnel et réagisse dans une expression d'amour à l'amant. Se concentrer sur le don est une expression d'une fracture dans la relation. Se concentrer sur l'amour personnel envers Jésus-Christ est au cœur du Carême ; la nourriture est bonne, mais ce n'est qu'un don-expression de l'amour personnel de Dieu pour nous. Le carême s'inscrit dans une histoire d'amour.

Un autre point est important : prendre moins de temps pour préparer la nourriture signifie que nous pouvons utiliser le temps supplémentaire pour prendre soin de notre relation avec Dieu. Nous pouvons y prendre soin en intensifiant nos prières, et en intensifiant nos actes de charité envers les personnes marginalisées en qui nous voyons le Christ lui-même.

Dans ce texte, Jésus nous demande de ne pas montrer notre expérience du Carême par des signes extérieurs. Ces signes extérieurs sont des outils de fierté et de division entre les gens : ceux qui sont plus religieux et ceux qui le sont moins. Jésus nous rappelle que la vie de la création est en Dieu, que notre bonheur réside dans note amour pour Dieu et pour les uns les autres, afin que nous puissions vivre dans le royaume de Dieu ; en effet, le royaume de Dieu est un royaume d'amour. Assurons-nous de prendre soin de notre relation avec Dieu et de nos relations avec les autres par des actes actifs de charité, par un pardon actif et par l'humilité, en particulier pendant le Carême.

Dieu est notre vie, et notre rencontre avec Lui nous rend plus vivants ; nous pouvons alors canaliser Sa Vie à travers nous vers les autres par un amour actif et des actes créatifs, afin qu'Il continue à transformer à travers nous ce monde en Son Royaume, afin que notre prière au Père, « Que ton règne vienne. Que ta volonté soit faite sur la terre comme au ciel », devient réalité.

29 VENEZ ET VOYEZ : SURMONTER LES PRÉJUGÉS
JEAN 1 : 43-51

En ce temps-là, Jésus résolut de gagner la Galilée. Il trouve Philippe et lui dit : Suis-moi. Or, Philippe était de Bethsaïda, la ville d'André et de Pierre. Il va trouver Nathanaël et lui dit : Celui de qui il est écrit dans la Loi de Moise et dans les prophètes, nous l'avons trouvé : c'est Jésus, le fils de Joseph, de Nazareth. De Nazareth, lui dit Nathanaël, peut-il sortir quelque chose de bon ? Philippe lui dit : Viens et vois. Jésus regarde Nathanaël qui venait à lui et il dit à son propos : Voici un véritable Israélite en qui il n'est point d'artifice. D'où me connais-tu ? lui dit Nathanaël, et Jésus de répondre : Avant même que Philippe ne t'appelât, alors que tu étais sous le figuier, je t'ai vu. Nathanaël reprit : Rabbi, tu es le fils de Dieu, tu es le roi d'Israël. Jésus lui répondit : Parce que je t'ai dit que je t'avais vu sous le figuier, tu crois. Tu verras des choses bien plus grandes. Et il ajouta : En vérité, en vérité, je vous le dis, vous verrez le ciel ouvert et les anges de Dieu monter et descendre au-dessus du Fils de l'homme.

COMMENTAIRE

Jean décrit dans ce texte les premières rencontres entre Jésus et ses disciples. Jésus cherche et trouve ses disciples ; Il les choisit et leur demande de le suivre. Plus tard, Jean mentionne les paroles suivantes de Jésus-Christ : « Je suis le chemin et la vérité et la vie » (Jean 14 : 6). Suivre Jésus est un voyage, un voyage avec Lui, en Lui, pour être pleinement vivant.

Philippe invite Nathanaël, mais ce dernier est piégé par des superstitions. Une superstition courante de l'époque affirmait que rien de bon ne pouvait sortir de Nazareth. Une pensée aussi rigide ne permettait pas à Nathanaël d'ouvrir son esprit et son cœur à la découverte, à la nouveauté, à la vérité, à tout ce qui pouvait sortir de Nazareth. La superstition a pris le contrôle de Nathanaël.

Devant la superstition, Philippe dit : « Viens et vois ». Il a demandé à Nathanaël de surmonter les préjugés qu'il avait et de voir par lui-même – de faire personnellement l'expérience de la présence de Jésus-Christ. Jésus ne peut être découvert qu'à travers une expérience personnelle, au sein d'une communauté de frères et de sœurs, d'une communauté d'amies et amis.

Nathanaël est allé avec Philippe et a rencontré Jésus-Christ personnellement ; son expérience lui a permis de surmonter ses préjugés. La vérité a brillé et a vaincu le mensonge. Par expérience personnelle, Nathanaël a atteint la foi et a confessé : « Tu es le Fils de Dieu ».

Cette confession n'était pas la fin, mais plutôt le début d'un voyage. Notre confession de foi en Jésus-Christ n'est pas la remarque finale d'une histoire ; c'est l'ouverture d'une aventure, un début. « Tu verras des choses bien plus grandes » - ce n'est qu'une inauguration.

La foi est le début d'un voyage, le voyage de notre vie, une vie qui devrait apporter un témoignage au Christ, à la Vérité et à la Vie. Dans tout ce que nous faisons, si nous sommes véridiques et que nous encourageons la vie, nous apportons un témoignage à Jésus-Christ, et à mesure que nous devenons un témoignage de Jésus, les gens le remarquent en nous.

De plus, notre vie avec Jésus nous donne le courage de témoigner dans nos vies - dans nos relations familiales, nos amitiés, notre éducation, notre travail - pour la vérité et la vie, pour défendre la vérité et la vie, et cela nous fera plonger de plus en plus profondément à la vie de Christ. Cela ouvrira le ciel pour nous et, espérons-le, à travers nous pour les autres : « vous verrez le ciel ouvert et les anges de Dieu monter et descendre au-dessus du Fils de l'homme ».

Le ciel est d'être avec Jésus-Christ et d'en témoigner ; c'est l'expérience de l'amour de Dieu, et ceux qui vivent l'amour de Dieu le distribuent à toutes et à tous, librement et gratuitement. Ceux qui distribuent l'amour savent qu'il grandit en eux et leur donne le paradis.

30 PARDON ET LIBERTÉ
MARC 2 : 1-12

En ce temps-là, quelques jours après Jésus rentra à Capharnaüm et l'on apprit qu'il était à la maison. Et tant de monde s'y rassembla qu'il n'y avait plus de place, pas même devant la porte. Et il leur annonça la Parole. Arrivent des gens qui lui amènent un paralysé porté par quatre hommes. Et comme ils ne pouvaient l'amener jusqu'à lui à cause de la foule, ils ont découvert le toit au-dessus de l'endroit où il était, et faisant une ouverture, ils descendent le brancard sur lequel le paralysé était couché. Voyant leur foi, Jésus dit au paralysé : Mon fils, tes péchés sont pardonnés. Quelques scribes étaient assis là et raisonnaient en leurs cœurs : Pourquoi cet homme parle-t-il ainsi ? Il blasphème. Qui peut pardonner les péchés sinon Dieu seul ? Connaissant aussitôt en son esprit qu'ils raisonnaient ainsi en eux-mêmes, Jésus leur dit : Pourquoi tenez-vous ces raisonnements en vos cœurs ? Qu'y a-t-il de plus facile, de dire au paralysé : Tes péchés sont pardonnés, ou bien de dire : Lève-toi, prends ton brancard et marche ? Eh bien, afin que vous sachiez que le Fils de l'homme a autorité pour pardonner les péchés sur la terre, il dit au paralysé : Je te dis : lève-toi, prends ton brancard et va dans ta maison. L'homme se leva, il prit aussitôt son brancard et il sortit devant tout le monde, si bien que tous étaient bouleversés et rendaient gloire à Dieu en disant : Nous n'avons jamais rien vu de pareil »

COMMENTAIRE

Jésus entra silencieusement à Capharnaüm, car il semble qu'il « l'on apprit qu'il était à la maison ». Les gens ont appris la nouvelle et l'ont recherché. Pourquoi en silence ? Dans le texte précédent (Marc 1 : 45), Marc a dit que « Jésus ne pouvait plus entrer ouvertement dans la ville » parce que les gens étaient trop excités par sa présence, et pendant qu'ils le cherchaient, ils ne le cherchaient pas pour lui-même mais plutôt pour ses miracles.

Les gens ont entendu dire que Jésus était à Capharnaüm. Comme prévu, ils se sont précipités pour le voir et se sont rassemblés autour de lui. Un petit détail que Marc mentionne, « il n'y avait plus de place pour eux, *même pas au niveau de la porte* », indique que cet événement a été relayé à Marc par quelqu'un qui en a été témoin. Il est probable que le témoin était Pierre, dont Marc était proche.

Jésus, entouré par le peuple, apparaît comme s'il était prisonnier de la foule. Une autre personne est aussi prisonnière : le paralytique, il était « prisonnier » de sa maladie. Les amis du paralytique l'ont aidé. La foule était comme une barrière entre la personne handicapée et Jésus. Leur excitation n'était pas celle de l'amour qui libère l'être aimé ; au contraire, c'était un comportement irrationnel qui emprisonne l'autre. Les gens ne cherchaient pas Jésus mais plutôt l'étrange et le miraculeux. Nous aussi, nous devons être toujours vigilants pour nous assurer que nous recherchons le Christ par amour. Jésus nous a demandé de ne pas chercher des miracles mais de Le chercher, de chercher le royaume de Dieu.

Finalement, la personne handicapée a atteint Jésus par le toit. Jésus voulait souligner qu'il est Dieu. Il avait remarqué la foi de cette personne et celle de ses amis ; Il a reconnu leur foi et a dit qu'il avait pardonné les péchés de cet homme. Pardonner ses péchés est une affaire entre les mains de Dieu, alors on peut imaginer le choc. Jésus était un scandale pour les scribes, et ils s'y sont opposés. Il a insisté et a dit aux hommes de « se lever », un verbe très symbolique qui nous rappelle la résurrection de Jésus : le pardon des péchés nous permet de nous relever et de prendre notre « brancard » et de partir. Elle nous libère, et la liberté est une glorification de Dieu. En effet, « tous étaient bouleversés et rendaient gloire à Dieu ». Le prisonnier du péché et d'un état de santé a été libéré par Jésus.

Nous ne pouvons qu'imaginer que la personne se leva, prit son brancard et s'en alla ; la foule devait lui faire de la place, et Jésus aurait pu profiter de l'occasion pour s'en aller, comme le dit le verset suivant de Marc : « Jésus s'en alla de nouveau au bord de la mer. Toute la foule venait à lui » (Marc 2 : 13). Jésus a libéré la personne d'un certain état de santé et du péché et, en retour, la personne a libéré Jésus de la foule.

Sommes-nous « la foule » qui tient Jésus pour nous dans une gourmandise égocentrique, l'emprisonnant dans nos églises, dans notre esprit, dans nos concepts ? Ou sommes-nous la « personne malade » qui demande pardon afin de nous libérer du mauvais chemin dans lequel nous « manquons le but » (littéralement, nous péchons) pour parcourir le chemin de la vie, pour recevoir Jésus dans nos cœurs sans emprisonner Lui, Lui partageant avec le monde qui a soif de liberté, d'amour, de compassion et de soins ? Nous devons toujours remettre en question notre comportement ; nous devons toujours être sagement éveillés (la parabole des vierges sages, Matthieu 25 : 1-13).

31 PRENEZ LA CROIX ET SUIVEZ-MOI
MARC 8 : 34-38 ; 9 : 1

En ce temps-là, Jésus fit venir la foule avec ses disciples et il leur dit : Si quelqu'un veut venir à ma suite, qu'il renonce à lui-même et prenne sa croix, et qu'il me suive. En effet, qui veut sauver sa vie, la perdra : mais qui perdra sa vie à cause de moi et de l'Évangile, la sauvera. Et quel avantage l'homme a-t-il à gagner le monde entier, s'il le paie de sa vie ? Que pourrait donner l'homme qui ait la valeur de sa vie ? Car si quelqu'un a honte de moi et de mes paroles au milieu de cette génération adultère et pécheresse, le Fils de l'homme aussi aura honte de lui, quand il viendra dans la gloire de son Père avec les saints anges. Et il leur disait : En vérité je vous le déclare, parmi ceux qui sont ici, certains ne mourront pas avant de voir le règne de Dieu venu avec puissance !

COMMENTAIRE

Si nous lisons un texte dans la Bible isolément du reste, nous pourrions mal l'interpréter. Ici, Jésus semble nous demander de nous renier. Nous pourrions mal interpréter ses paroles - nous pourrions penser qu'il nous demande de ne pas nous soucier de nous-mêmes, ou pire, de ne pas nous aimer, voire de nous haïr. Mais de telles interprétations ne s'alignent pas avec ce texte, ni avec le message de la

Bible dans son ensemble ; en effet, Dieu est amour, et Jésus prend soin de chacun de nous personnellement : « même vos cheveux sont tous comptés » (Matthieu 10 : 30).

Se renier ici est lié à « prends ta croix et suis-moi ». Le but est de suivre Jésus, et ce n'est pas une tâche simple, même si elle est remplie de beauté, d'amitié et de vie. Suivre Jésus exige que nous reconnaissions d'abord qu'il est la seule source de vie, que la source de vie n'est pas en nous-mêmes mais en Dieu. Pour s'enraciner en nous, une telle reconnaissance ne peut être intellectuelle mais doit émaner du cœur, d'une rencontre personnelle avec le Christ, ce qui ne va pas sans luttes, conflits et doutes.

L'expérience humaine, ainsi que la psychologie, nous disent que toute approche de la relation à l'autre, qu'elle soit amicale ou amoureuse, ne peut être vraie si la personne est narcissique ou égocentrique, si ses intérêts et ses actions tournent autour de soi, autour de ses propres besoins, peurs et désirs. Être dans une vraie relation demande des efforts pour dépasser le narcissisme, pour reconnaître la personne de l'autre avec sa beauté ainsi que ses besoins, ses peurs et ses désirs. Désirer un autre, c'est déjà reconnaître qu'on n'est pas autosuffisant mais que sa vie dépend d'un autre. Une telle reconnaissance, ainsi que le travail de construction d'une relation à travers les complexités de la vie et le défi des déceptions personnelles, nécessite un déni non pas de soi mais plutôt du soi autosuffisant. Elle nécessite une croix : dépasser son isolement et son narcissisme pour rencontrer l'autre face à face, dépasser l'isolement et vivre une communion respectueuse de l'altérité de chacun, s'offrir à l'autre et se recevoir comme une offrande.

Le chemin de la communion est une croix, une « porte étroite », un chemin difficile à parcourir, mais c'est le seul chemin qui mène à la vie et à la joie, malgré les peines inévitables de la vie. La douleur est commune à notre condition humaine, mais la joie n'est donnée qu'à ceux qui surmontent leurs attitudes égoïstes pour rencontrer l'autre dans sa réalité, dans une union d'amour (au sens général du terme) qui respecte l'altérité de chacun. De telles rencontres apportent de la joie et exigent que nous crucifiions notre narcissisme continuellement jusqu'à la fin de notre vie ; cela exige que, avec la grâce du Saint-Esprit, nous fassions un effort pour changer nos esprits et nos cœurs (pour nous repentir), et pour réorienter nos vies pour vaincre nos péchés (le manque du but) et vivre une vie aimante.

Parfois, cela est difficile à pratiquer ; on peut avoir l'impression de perdre la vie. Pourtant, on gagnerait en fait une vie plus épanouie et on deviendrait pleinement vivant ; en effet, « celui qui perdra sa vie à cause de moi et de la bonne nouvelle la sauvera » (Marc 8 : 35).

Le comportement inverse serait d'être satisfait de soi et de rejeter l'effort d'être en communion avec les autres ; en effet, « large est la porte et spacieux le chemin qui mène à la perdition… étroite est la porte et resserré le chemin qui mène à la vie » (Matthieu 7 : 13-14).

Mais quoi de plus important que la vie, que soi-même ? Au lieu de vivre comme des buts en eux-mêmes, certaines personnes perdent leur vie en s'utilisant comme des moyens pour des buts qui les éloignent d'eux-mêmes, de l'image de Dieu en eux. Au lieu de viser à être humain, ils visent à avoir des choses : de l'argent, du prestige, de la gloire et du pouvoir. Ils oublient de tout simplement être, et se perdent dans le voyage, mais « quel avantage l'homme a-t-il à gagner le monde entier, s'il le paie de sa vie ? » (Marc 8 : 36).

Les personnes qui surmontent leurs désirs égocentriques pour rencontrer les autres dans la vérité et l'amour, dans la communion, servent la vie en eux-mêmes et dans leurs proches, amis, fils, filles, pères, mères, collègues, etc. Ils renient leur vie atrophiée et emprisonnée, pour être vivants avec les autres, pour répandre le message du Christ : « je suis venu pour que les hommes aient la vie et qu'ils l'aient en abondance » (Jean 10 : 10). Ils vivent le « reniement » et la « croix » qui nous permettent de suivre le Christ ; ils donnent le don ultime, le don de soi, et ils reçoivent le don ultime – le don d'un moi vivant, un moi qui a surmonté la mort de l'isolement dans la coquille de l'égocentrisme. Ils sont à l'image du Christ, Lui qui s'est donné « pour la vie du monde » et est ressuscité vivant de la mort, afin que nous vivions vraiment, en Lui.

Dans tout véritable amour et amitié, le Christ est ressuscité.

32 JE CROIS, AIDEZ MON MANQUE DE FOI
MARC 9 : 17-31

En ce temps-là, quelqu'un dans la foule lui répondit : Maître, je t'ai amené mon fils : il a un esprit muet. L'esprit s'empare de lui n'importe où, il le jette à terre et l'enfant écume, grince des dents et devient raide. J'ai dit à tes disciples de le chasser et ils n'en ont pas eu la force. Prenant la parole, Jésus leur dit : Génération incrédule, jusqu'à quand serai-je auprès de vous ? Jusqu'à quand aurai-je à vous supporter ? Amenez-le-moi. Ils le lui amenèrent. Dès qu'il vit Jésus, l'esprit se mit à agiter l'enfant de convulsions : celui-ci, tombant par terre, se roulait en écumant. Jésus demanda au père : Depuis combien de temps cela lui arrive-t-il ? Il dit : Depuis son enfance. Souvent l'esprit l'a jeté dans le feu ou dans l'eau pour le faire périr. Mais si tu peux quelque chose, viens à notre secours, par pitié pour nous. Jésus lui dit : Si tu peux ! Tout est possible pour celui qui croit. Aussitôt le père de l'enfant s'écria : Je crois ! Viens au secours de mon manque de foi ! Jésus, voyant la foule s'attrouper, menaça l'esprit impur : Esprit sourd et muet, je te l'ordonne, sors de cet enfant et n'y rentre plus ! Avec des cris et de violentes convulsions, l'esprit sortit. L'enfant devint comme mort, si bien que tous disaient : il est mort. Mais Jésus, en lui prenant la main, le fit lever et il se mit debout. Quand Jésus fut rentré à la maison, ses disciples lui demandèrent en particulier : Et nous, pourquoi n'avons-nous pu chasser cet esprit ? Il leur dit : ce genre d'esprit, rien ne peut le faire sortir, que la prière. Partis de là, ils traversaient la Galilée et Jésus ne voulait pas qu'on le sache. Car il enseignait ses disciples et leur disait : Le Fils de l'homme va être livré aux mains des hommes : ils le tueront et lorsqu'il aura été tué, trois jours après, il ressuscitera.

COMMENTAIRE

C'est un texte très sensible. Pour démêler les différentes significations, nous devons nous rappeler que la Bible n'est pas littéralement écrite par Dieu, elle est inspirée par Dieu, et l'inspiration de Dieu dans le christianisme est un acte de collaboration entre les êtres humains et le Saint-Esprit. C'est pourquoi le texte biblique contient des empreintes de la culture, de la langue et des connaissances scientifiques de l'époque, ainsi que du style personnel des écrivains. Le Nouveau Testament a été écrit en grec : Matthieu et Luc ont écrit pour des Hébreux convertis au christianisme, et ont donc commencé par démontrer que Jésus était le Messie ; Marc a écrit aux habitants de Rome qui étaient païens à l'origine, et a donc dû expliquer les traditions et les mots hébraïques (par exemple, Marc 3 : 17) ; le style de Jean est très différent de celui de Marc, Matthieu et Luc.

L'Esprit Saint n'annule pas l'apport humain et ses défauts. « Ce trésor, nous le portons dans des vases d'argile » (2 Corinthiens 4 : 7), comme l'exprime avec éloquence saint Paul. La vérité nous est donnée dans l'argile terrestre, et nous devons demander au Saint-Esprit (esprit de discernement) qui habite en nous de nous aider à discerner entre la vérité éternelle et l'argile terrestre dans la Tradition, y compris la Bible.

Sur la base de nos connaissances actuelles, nous pouvons discerner les signes de l'épisode vécu par ce garçon (« jette à terre… l'enfant écume…grince des dents… devient raide ») et conclure que ce garçon souffrait très probablement d'épilepsie. Dans le passé, les gens essayaient d'expliquer les maladies en se référant aux esprits (un

« esprit muet » dans le texte). Aujourd'hui, il faut s'abstenir de se référer aux « esprits » pour expliquer des maladies physiologiques ou psychiques. Face à différentes maladies, nous devons consulter le professionnel de santé correspondant. Beaucoup de pères de l'Église ont vu dans la raison et la liberté l'image de Dieu en nous ; en utilisant notre liberté et notre raison, nous avons étudié les causes des maladies pendant des centaines d'années jusqu'à ce que nous concluions que les maladies sont causées par des facteurs naturels et sociaux. L'image de Dieu en nous - la raison - nous permet de conclure qu'il faut chercher une aide médicale lorsque nous avons des maladies psychologiques ou physiologiques.

Cependant, cela ne signifie pas que le diable n'existe pas. Nous croyons en Jésus-Christ et nous concentrons notre vie spirituelle sur Lui et sur personne d'autre, mais nous reconnaissons l'existence du diable. Jésus-Christ lui-même a fait l'expérience de la présence du diable et a dit : « Il [le diable] s'est attaché à faire mourir l'homme ; il ne s'est pas tenu dans la vérité parce qu'il n'y a pas en lui de vérité. Lorsqu'il profère le mensonge, il puise dans son propre bien parce qu'il est menteur et père du mensonge » (Jean 8 : 44).

Le diable essaie de se servir de nos faiblesses et de différentes situations défavorables pour nous éloigner de Dieu et nous égarer. Il est raisonnable de penser que le diable essaie de se servir d'une situation de maladie ou de souffrance pour nous tromper et nous détourner de Dieu. Jésus, dans le texte, a guéri le garçon de la maladie (épilepsie) et a ordonné aux démons de s'en aller. C'est la sainte présence et les paroles de Jésus qui ont chassé les esprits.

Aujourd'hui, nous devons chercher des connaissances scientifiques pour guérir une maladie ou gérer une condition chronique, et nous pouvons aussi prier pour que Jésus soit présent et protège la personne malade des ruses du diable. Les deux attitudes sont raisonnables aux yeux des fidèles. Nous pouvons demander à Dieu un miracle (si nous le voulons), et il est raisonnable de le faire, mais il n'y a aucune garantie qu'un miracle se produise, et notre foi en Dieu ne devrait pas être liée aux miracles. Jésus nous a mis en garde contre une telle attitude : « Génération mauvaise et adultère qui réclame un signe ! En fait de signe, il ne lui en sera pas donné d'autre que le signe du prophète Jonas » (Matthieu 12 : 39), c'est-à-dire le signe de sa résurrection.

D'autre part, se fier exclusivement à la prière pour guérir une maladie, qu'elle soit physiologique ou psychologique, n'est pas raisonnable et est un mépris de l'image de Dieu en nous (liberté et raison). Ce n'est même pas un acte de foi mais plutôt un repli vers une approche magique envers Dieu, une approche qui essaie de « forcer » Dieu à agir selon notre volonté en prononçant certaines paroles (et c'est l'essence du magique). La foi ne peut pas être conditionnelle ; la foi est une relation d'amour, et l'amour est inconditionnel.

Et le père du garçon ? Le père croit en Jésus-Christ, mais a aussi des doutes. Il est comme nous : nous croyons, et parfois nous avons des doutes. Les belles paroles du père du garçon, « Viens au secours de mon manque de foi ! » sont remplis de foi, de désir, de confiance en Jésus ; ce sont des mots que nous pouvons tous répéter lorsque nous sommes confrontés à des situations difficiles et à des doutes. La foi du père du garçon est si grande qu'au milieu du doute, il aspirait à Jésus, il n'a pas capitulé, il ne s'est pas menti, il ne s'est pas déconnecté de Jésus. Au lieu de cela, il a conversé avec lui, reconnaissant et confessant ses doutes, et Lui demandant de transformer son incrédulité : « Viens au secours de mon manque de foi ». Le père du garçon n'a pas laissé ses doutes l'éloigner de Christ ; au milieu de ses doutes, il s'adressait à Christ, demandant son aide. Au milieu de nos manques de foi, de nos incertitudes, nous pouvons tous faire la même chose : converser avec Jésus et Lui demander de l'aide, de demander Sa présence. Une telle attitude exprime et approfondit notre foi.

Jésus nous assure que « la prière et le jeûne » sont les moyens de faire face aux ruses du diable. Les prières nous maintiennent dans une relation face à face avec Jésus-Christ, tandis que le jeûne est un moyen d'exprimer, dans le corps et l'esprit, que Jésus est crucial et central dans nos vies, et qu'il est plus important pour notre vie que la nourriture et plaisirs de la vie. Nous reconnaissons que ce sont de bonnes choses mais que ce ne sont que des dons de Lui, et que nous Le préférons à Ses dons de la même manière qu'une personne amoureuse préfère l'être aimé à ses dons.

Enfin, nous remarquons que Jésus ne recherche pas la renommée, car il « ne voulait pas qu'on le [le miracle] sache ». Au temps de Jésus, les gens avaient des idées fausses sur le Christ, le Messie : ils attendaient un Christ qui tient une épée et triomphe par la violence. Jésus essaie de cacher le miracle afin que les gens ne s'engagent pas avec lui sur la base de leur idée fausse de son identité et de sa mission, une idée fausse que nous remarquons parfois apparaît parmi nous aujourd'hui lorsque des groupes de personnes utilisent Christ pour atteindre le pouvoir, envahir et conquérir par la guerre. Encore une fois, notre croyance en Jésus ne devrait pas reposer sur des miracles.

Nous sommes tous appelés à nous repentir, à changer nos cœurs et nos attitudes afin qu'au lieu d'essayer de transformer Jésus à notre pire image (force, violence et assujettissement), nous nous laissions guider par l'Esprit Saint pour devenir à la ressemblance de Jésus-Christ.

33 SERVIR ET DONNER LA VIE
MARC 10 : 32-45

En ce temps-là, ils étaient en chemin et montaient à Jérusalem. Jésus marchait devant eux. Ils étaient effrayés, et ceux qui suivaient avaient peur. Prenant de nouveau les Douze avec lui, il se mit à leur dire ce qui allait lui arriver : Voici que nous montons à Jérusalem et le Fils de l'homme sera livré aux grands prêtres et aux scribes : ils le condamneront à mort et le livreront aux païens, ils se moqueront de lui, ils cracheront sur lui, ils le flagelleront, ils le tueront et, trois jours après, il ressuscitera. Jacques et Jean, les fils de Zébédée, s'approchent de Jésus et lui disent : Maître, nous voudrions que tu fasses pour nous ce que nous allons te demander. Il leur dit : Que voulez-vous que je fasse pour vous ? Ils lui dirent : Accorde-nous de siéger dans ta gloire l'un à ta droite et l'autre à ta gauche. Jésus leur dit : Vous ne savez pas ce que vous demandez. Pouvez-vous boire la coupe que je vais boire, ou être baptisés du baptême dont je vais être baptisé ? Ils lui dirent : Nous le pouvons. Jésus leur dit : La coupe que je vais boire, vous la boirez, et du baptême dont je vais être baptisé, vous serez baptisés. Quant à siéger à ma droite ou à ma gauche, il ne m'appartient pas de l'accorder : ce sera donné à ceux pour qui cela est préparé. Les dix autres, qui avaient entendu, se mirent à s'indigner contre Jacques et Jean. Jésus les appela et leur dit : Vous le savez, ceux qu'on regarde comme les chefs des nations les tiennent sous leur pouvoir et les grands sous leur domination. Il n'en est pas ainsi parmi vous. Au contraire, si quelqu'un veut être grand parmi vous, qu'il soit votre serviteur. Et si quelqu'un veut être le premier parmi vous, qu'il soit l'esclave de tous. Car le Fils de l'homme est venu non pour être servi, mais pour servir et donner sa vie en rançon pour la multitude.

COMMENTAIRE

La véritable autorité ne se manifeste pas dans le fait d'être servi mais dans le fait de servir. La vraie gloire ne se manifeste pas dans son prestige mais dans le don de sa vie. Aujourd'hui encore, ce message révolutionnaire de Jésus-Christ est déconcertant et même choquant.

On nous enseigne par des mots et par des conversations quotidiennes, des textes, des images et des vidéos, dans les actualités, les médias sociaux et les publicités, qu'exercer l'autorité, c'est exercer une coercition et avoir un certain prestige dans la société et l'église. C'est ce qu'avaient à l'esprit Jacques et Jean lorsqu'ils ont demandé à Jésus de s'asseoir à sa droite dans son royaume : le siège à droite d'une personne est toujours considéré comme une place d'honneur à ce jour. Lorsque Jésus était parmi nous, les gens — y compris les disciples qui étaient enseignés par Jésus et vivaient avec lui — croyaient que le Christ serait un roi terrestre qui exercerait la force et la violence pour établir un royaume de Dieu. Les deux disciples demandaient à Jésus de leur donner une position prestigieuse dans ce qu'ils pensaient être son prochain « gouvernement ». Même après la mort et la résurrection de Jésus, les disciples n'ont pas compris son message et ses enseignements ; on peut remarquer cette situation dans le livre des Actes où, après la résurrection de Jésus, les disciples lui demandent d'établir un royaume terrestre et de détenir le pouvoir : « Ils étaient donc réunis et lui avaient posé cette question : Seigneur, est-ce maintenant le temps où tu vas rétablir le Royaume pour Israël ? » (Actes 1 : 6). Ce n'est que lorsque le Saint-Esprit est descendu sur les disciples le jour de la Pentecôte (littéralement « le cinquantième jour ») que les disciples - guidés par le Saint-Esprit - ont commencé à comprendre les enseignements de Jésus.

Le message de Jésus est simple : Dieu nous a montré sa puissance et sa gloire non par la force, ni par la coercition ; au lieu de cela, il nous les a montrés sur la croix, en mourant pour la vie du monde, en s'offrant lui-même en sacrifice d'amour. En Christ, Dieu est serviteur, serviteur de la vie, de sa vie, de sa vie éternelle qui commence ici et maintenant. Aussi, le Christ est un « mendiant » d'amour, implorant notre amour : « je me tiens à la porte et je frappe. Si quelqu'un entend ma voix et ouvre la porte, j'entrerai chez lui et je prendrai la cène avec lui et lui avec moi » (Apocalypse 3 : 20). Vivre la vie éternelle, c'est être avec Lui et être comme Lui en exerçant l'autorité au service des autres et en recherchant la gloire comme une vie offerte aux autres. C'est ainsi qu'il faut être chrétien ; c'est la voie de Jésus-Christ, la voie de Dieu dont la Gloire est que les êtres humains soient vivants, comme l'a dit saint Irénée : « La Gloire de Dieu est un être humain pleinement vivant ».

Exiger d'être servi, exiger du prestige, exiger de la coercition et l'appeler « autorité » est une trahison contre Jésus-Christ. Si nous voulons être une Église, nous devons – individuellement et en tant que communauté – être fidèles à Jésus-Christ. Cela signifie que nous devons servir la vie de ceux qui sont seuls, n'ont personne, ceux qui sont marginalisés et opprimés : les pauvres, les femmes et les enfants victimes de violence domestique, les migrants forcés, les immigrés vulnérables, les personnes handicapées, les sans-abris, les sans-papiers... Nous devons être aux côtés de ceux qui souffrent d'injustices dans l'Église et dans la société, et nous devons avoir le courage de les défendre face aux « puissances » de ce monde.

Ce n'est pas une direction facile dans la vie, mais Jésus ne nous a pas promis la facilité, Il a promis la résurrection à travers la croix. La croix a besoin de courage. Ceux qui évitent le courage d'aimer les autres, et de servir les marginalisés et les opprimés évitent, ici et maintenant, la résurrection et la vie avec Dieu : véritable source et serviteur de la vie par excellence.

34 L'ONCTION À BÉTHANIE
JEAN 12 : 1-18

En ce temps-là, six jours avant la Pâque, Jésus arriva à Béthanie où se trouvait Lazare qu'il avait relevé d'entre les morts. On y offrit un dîner en son honneur : Marthe servait tandis que Lazare se trouvait parmi les convives. Marie prit alors une livre d'un parfum de nard pur de grand prix ; elle oignit les pieds de Jésus, les essuya avec ses cheveux et la maison fut remplie de ce parfum. Alors Judas Iscarioth, l'un de ses disciples, celui-là même qui allait le livrer, dit : Pourquoi n'a-t-on pas vendu ce parfum trois cents deniers, pour les donner aux pauvres ? Il parla ainsi, non qu'il eût souci des pauvres, mais parce qu'il était voleur et que, chargé de la bourse, il dérobait ce qu'on y déposait. Jésus dit alors : Laisse-la ! Elle observe cet usage en vue de mon ensevelissement. Des pauvres, vous en avez toujours avec vous, mais moi vous ne m'avez pas pour toujours. Cependant une grande foule de Juifs avaient appris que Jésus était là, et ils arrivèrent non seulement à cause de Jésus lui-même, mais aussi pour voir ce Lazare qu'il avait relevé d'entre les morts. Les grands prêtres dès lors décidèrent de faire mourir aussi Lazare, puisque c'était à cause de lui qu'un grand nombre de Juifs les quittaient et croyaient en Jésus. Le lendemain, la grande foule venue à la fête apprit que Jésus arrivait à Jérusalem ; ils prirent des branches de palmiers et sortirent à sa rencontre. Ils criaient Hosanna ! Béni soit

Celui qui vient au nom du Seigneur, le roi d'Israël. Trouvant un ânon, Jésus s'assit dessus selon qu'il est écrit : Ne crains pas, fille de Sion : voici ton roi qui vient, il est monté sur le petit d'une ânesse. Au premier moment, ses disciples ne comprirent pas ce qui arrivait, mais lorsque Jésus eut été glorifié, ils se souvinrent que cela avait été écrit à son sujet et que c'était cela même qu'on avait fait pour lui. Cependant la foule de ceux qui étaient avec lui lorsqu'il avait appelé Lazare hors du tombeau et qu'il l'avait relevé d'entre les morts, lui rendait témoignage. C'était bien, en effet, parce qu'elle avait appris qu'il avait opéré ce signe qu'elle se portait à sa rencontre.

COMMENTAIRE

Avant cet événement, Jésus a pleuré la mort de son ami Lazare et l'a ressuscité de la mort. Ressusciter des gens de la mort était un signe de la venue du Messie, et la foule l'a bien compris : « La raison pour laquelle la foule est allée à sa rencontre, c'est qu'elle a appris qu'il avait fait ce signe » (Jean 12 : 18). On pensait que le Messie était un roi habituel qui régnerait par l'épée ; Jésus avait toujours choqué ses disciples et adeptes lorsqu'il ne montrait aucun signe d'une telle attitude. C'est probablement pourquoi Jean-Baptiste avait des doutes sur Jésus, et de sa prison, il envoya deux de ses disciples pour demander à Jésus : « Es-tu "Celui qui vient" ou devons-nous en attendre un autre ? » (Luc 7 : 19) ; ce qui a dû lui traverser l'esprit était le contraste entre les actions de Jésus et l'idée traditionnelle des actions attendues du Messie. La réponse de Jésus indiquait les signes de la venue du Messie : « Allez rapporter à Jean ce que vous avez vu et entendu : les aveugles retrouvent la vue, les boiteux marchent droit, les lépreux sont purifiés et les sourds entendent, les morts ressuscitent, la Bonne Nouvelle est annoncée aux pauvres » (Luc 7 : 22). Il faisait remarquer à Jean et à ses disciples que leurs idées sur le Messie étaient déformées et que le vrai Messie n'est pas un messie violent, gouvernant par la force, mais quelqu'un servant la vie et appelant les cœurs à changer. Le royaume de Jésus est celui de compassion et de justice pour les opprimés.

Le texte raconte un événement qui s'est produit quelques jours avant la crucifixion de Jésus. Son enterrement précipité ne permettrait pas l'accomplissement des rituels religieux traditionnels, dont l'un consiste à appliquer une pommade sur le corps du défunt. C'est pourquoi Jésus voit dans l'action de Marie une préfiguration de sa mort – « Elle observe cet usage en vue de mon ensevelissement » – et par là, il annonce à nouveau qu'il mourra bientôt. Il a fait la même annonce aux disciples plusieurs fois, mais ils n'ont pas compris – bien que le texte indique qu'ils ont compris plus tard, « quand Jésus a été glorifié », après sa résurrection et particulièrement après la Pentecôte. En effet, le livre des Actes mentionne qu'après la résurrection et alors que Jésus promettait la venue du Saint-Esprit – « c'est dans l'Esprit Saint que vous serez baptisés d'ici quelques jours. » (Actes 1 : 5) - les disciples s'accrochaient encore à leur vision du Christ en tant que roi terrestre et demanda : « Seigneur, est-ce maintenant le temps où tu vas rétablir le Royaume pour Israël ? (Actes 1 : 6). Aussi, nous nous souvenons de la conversation que Jacques et Jean ont eue avec Jésus avant la résurrection quand ils lui ont demandé : « Accorde-nous de siéger dans ta gloire l'un à ta droite et l'autre à ta gauche » (Marc 10 : 37).

Les disciples n'ont pas compris. Cependant, dans les Actes, Jésus leur a demandé d'attendre la descente du Saint-Esprit qui « vous enseignera toutes choses et vous fera ressouvenir de tout ce que je vous ai dit » (Jean 14 : 26). A la Pentecôte, le Saint-Esprit est descendu sur les disciples et ils ont commencé à comprendre ; ils « se sont souvenus que cela avait été écrit de lui et qu'on lui avait fait ». Le Saint-Esprit est « l'Esprit de vérité » (Jean 15 : 26) ; Il nous établit comme Église dans l'Eucharistie et nous guide dans notre foi pour pratiquer et comprendre.

Avec l'Esprit Saint, nous comprenons notre foi et pouvons marcher sur le chemin de la rédemption : laisser notre volonté collaborer avec l'Esprit Saint pour que nous vivions une révolution intérieure, une transformation de notre mode de vie afin qu'il devienne en harmonie avec le mode de l'existence de Dieu, le mode d'aimer. En effet, non seulement Dieu nous aime, mais Dieu est Amour, Son mode d'être est amour. Si « être ou ne pas être » est la question, alors *« aimer ou ne pas aimer » est la réponse* (ou peut être question-réponse) fournie par Jésus Christ.

35 LA PAROLE ÉTERNELLE ET LA VRAIE LUMIÈRE
JEAN 1 : 1-17

Au commencement était le Verbe, et le Verbe était auprès de Dieu, et le Verbe était Dieu. Il était au commencement auprès de Dieu. Par lui furent créées toutes choses, et rien de ce qui existe n'a été fait sans lui. En lui était la vie, et la vie était la lumière des hommes. Et la lumière luit dans les ténèbres, et les ténèbres ne l'ont pas saisie. Il y eut un homme envoyé de Dieu, son nom était Jean ; il vint comme témoin, pour rendre témoignage à la lumière, afin que tous crussent par lui. Il n'était pas la lumière mais le témoin de la lumière. La vraie lumière était celle qui, venant dans le monde, éclaire tout homme. Il était dans le monde, et le monde fut fait par lui, et le monde ne l'a pas connu. Il est venu chez lui, et les siens ne l'ont pas reçu. Mais à tous ceux qui l'ont reçu il a donné le pouvoir de devenir enfants de Dieu, à ceux qui croient en son nom, et que ni le sang, ni le vouloir de la chair, ni le vouloir de l'homme, mais que Dieu a engendré. Et le Verbe s'est fait chair, il a demeuré parmi nous, et nous avons vu sa gloire, la gloire qu'il tient du Père comme Fils unique, plein de grâce et de vérité. Jean lui rend témoignage et proclame : Voici celui dont j'ai dit : celui qui vient après moi est passé devant moi, parce qu'avant moi il était ! De sa plénitude nous avons tous reçu, et grâce pour grâce. Car la loi fut donnée par Moise, la grâce et la vérité nous sont venues par Jésus Christ.

COMMENTAIRE

Dans ce beau début de son Évangile, saint Jean le théologien affirme certains aspects du credo que l'Église orthodoxe récite dans la liturgie. Il souligne le fait que la même personne, le « Verbe » qui était « auprès de Dieu [le Père] », était aussi Dieu.

Il était « au commencement » et « rien de ce qui existe n'a été fait sans lui ». La déclaration « au commencement » fait écho au chapitre 1 de la Genèse, où nous lisons : « au commencement, Dieu créa le ciel et la terre ». Par conséquent, la Parole de Dieu a participé à l'acte de création « au commencement ». Jésus est le Verbe de Dieu incarnée, le Verbe de Dieu qui « s'est faite chair et a demeuré parmi nous ».

Saint Jean Lui donne un autre nom : le « Fils » du Père. Nous pouvons déjà remarquer au début de l'évangile de saint Jean que le Dieu unique n'est pas une seule personne. Jésus nous a révélé que Dieu est trinité. Dans ce texte, saint Jean mentionne le Père et le Fils, et plus tard il témoignera de l'existence de l'Esprit Saint.

L'autre point principal que Jean fait valoir est que Jésus-Christ est lumière et vérité, et que ceux qui reçoivent Jésus-Christ deviennent des « enfants de Dieu », des enfants adoptifs. Recevoir Jésus dans nos vies ne signifie pas que nous acceptons simplement les idées qui nous sont communiquées dans la Bible à propos de Jésus – par exemple, que Jésus est le Verbe incarnée, le Fils de Dieu. Recevoir Jésus dans nos vies, c'est accepter activement Jésus, c'est être « lumière et vérité » dans notre pratique de la vie. Accepter Jésus, c'est agir et vivre selon ses enseignements et en harmonie avec lui, guidés par le Saint-Esprit. Accepter Jésus, c'est être comme Dieu, être enfants de Dieu. Nous naissons à « l'image de Dieu » dotés de raison, liberté, amour… et nous sommes appelés à grandir à la « ressemblance » de Dieu, à faire grandir et s'épanouir ces potentialités par la présence de l'Esprit Saint en nous, dans la Église. C'est ainsi que nous devenons des « enfants de Dieu ».

« Comme je vous ai aimés, aimez-vous les uns les autres » (Jean 13 : 34) - c'est l'essence de la pratique de la vie en Christ. Il est facile de comprendre l'enseignement, mais il faut ensuite beaucoup de courage et de travail continu pour le vivre : reconnaître notre déraillement (les péchés) du chemin de la vérité et de la vie, s'en remettre en changeant nos cœurs (le repentir).

S'aimer l'un l'autre ne veut pas dire être ami avec tout le monde mais agir avec tout le monde comme Jésus-Christ a agi : dans la compassion mais aussi dans la fermeté (la fermeté n'est pas l'agressivité), dans la bienveillance mais aussi dans le courage face aux puissances qui détruisent les êtres humains et les exploitent, dans la connaissance mais dans la compassion, dans la responsabilité des autres mais aussi dans le respect de leur personnalité unique ; en un mot, vivre en communion d'amour. Notre relation personnelle continue avec Jésus à travers la prière, la repentance et l'amour actif, nous permet de nous aimer les uns les autres, nous permet de « Le recevoir » véritablement et activement dans notre vie quotidienne, guidés par Sa « grâce et vérité », guidés par le Saint-Esprit, dans Son Église et ce monde.

36 DOUTE ET CROYANCE
JEAN 20 : 19-31

L e soir de ce jour, qui était le premier de la semaine, les portes du lieu où se trouvaient les disciples étant fermées, à cause de la crainte qu'ils avaient des Juifs, Jésus vint, se présentait au milieu d'eux et leur dit : La paix soit avec vous ! Et quand il eut dit cela, il leur montra ses mains et son côté. Les disciples furent dans la joie en voyant le Seigneur. Jésus leur dit de nouveau : La paix soit avec vous ! Comme le Père m'a envoyé, moi aussi je vous envoie. Après ces paroles, il souffla sur eux, et leur dit : Recevez le Saint-Esprit. Ceux à qui vous pardonnez les péchés, ils leur seront pardonnés ; et ceux à qui vous les retiendrez, ils leur seront retenus. Thomas, appelé Didyme, l'un des douze, n'était pas avec eux lorsque Jésus vint. Les autres disciples lui dirent donc : Nous avons vu le Seigneur. Mais il leur dit : Si je ne vois dans ses mains la marque des clous, et si je ne mets mon doigt dans la marque des clous, et si je ne mets ma main dans son côté je ne croirai point. Huit jours après, les disciples de Jésus étaient de nouveau dans la maison, et Thomas se trouvait avec eux. Jésus vint, les portes étant fermées, se présenta au milieu d'eux, et dit : La paix soit avec vous ! Puis il dit à Thomas : Avance ici ton doigt, et regarde mes mains ; avance aussi ta main, et mets-la dans mon côté ; et ne sois pas incrédule, mais crois. Thomas lui répondit : Mon Seigneur et mon Dieu ! Jésus lui dit : Parce que tu m'as vu, tu as cru. Heureux ceux qui n'ont pas vu, et qui ont cru ! Jésus a fait encore, en présence de ses disciples, beaucoup d'autres miracles, qui ne sont pas écrits dans ce livre. Mais ces choses ont été écrites afin que vous croyiez que Jésus est le Christ, le Fils de Dieu, et qu'en croyant vous ayez la vie en son nom.

COMMENTAIRE

Ce texte décrit comment Jésus a rencontré les disciples après sa résurrection et la réaction des apôtres, en particulier Thomas. Grâce à la résurrection de Jésus-Christ, nous pouvons avoir un aperçu de notre propre résurrection. Nous pouvons noter que le corps de Jésus a été préservé après la résurrection ; les blessures sont apparentes. Cependant, le corps a été transformé en un état différent ; par exemple, Jésus est apparu aux disciples alors que les « portes… étaient fermées ». Sur le rocher de Sa résurrection, nous construisons notre croyance en notre propre résurrection, y-inclus nos corps qui seront transformés en un état similaire à l'état du corps de Jésus-Christ ressuscité.

Jésus a envoyé les apôtres dans le monde comme le Père l'a envoyé. Les apôtres et nous tous, l'Église, nous sommes censés nous comporter dans le monde comme Jésus : apporter au monde un message de paix, d'amour, de compassion et de solidarité avec les opprimés et les marginalisés. Nous sommes tous des apôtres de Jésus, chargés par Lui le jour de notre baptême de L'offrir au monde, baptisant nos études, nos familles, nos amitiés, notre amour, notre travail, notre société, notre économie par l'Esprit Saint, et les transformant en espaces de communion.

Thomas n'a pas cru à la résurrection de Jésus. Ses doutes ne sont pas cachés par Jean ; ils nous sont racontés de manière claire et simple. Jean n'a pas essayé de cacher la vérité. Les disciples n'étaient pas des super-héros avec une confiance et une force illimitée. Certes, ils étaient saints du fait qu'ils ont offert leur vie à Jésus et ont fait témoignage de son amour, même quand cela leur a exigé d'affronter les puissances de ce monde, et parfois le martyr ; mais ils étaient des êtres humains normaux comme nous, avec la faillibilité humaine que nous partageons tous. C'est le véritable héroïsme humain.

C'est une nouvelle incroyable qu'une personne soit ressuscitée d'entre les morts ! Thomas, qui répandra plus tard le christianisme en Inde, en doutait. Jésus accepte notre doute humain. Il n'a pas chassé Thomas à cause de ses doutes ; au lieu de cela, de sa manière bienveillante, il est venu à Thomas et lui a montré ses blessures comme preuve que ce n'était pas une illusion. Ceux qui auront foi en Jésus-Christ par la suite ne verront pas Jésus physiquement, et Jésus les bénit : « Heureux ceux qui n'ont pas vu, et qui ont cru ». Il sait qu'il faut un acte de foi à une personne pour croire sans voir.

Nous avons beaucoup de doutes dans nos vies ; nous pourrions même douter de Jésus-Christ en tant que Dieu incarné, ou dans sa résurrection. Nous ne devrions pas avoir honte de tels doutes, sentiments et pensées, car Thomas aussi en avait. Malgré nos doutes, nous pouvons continuer à parler à Jésus comme un frère, comme quelqu'un qui nous aime plus que nous-mêmes, quelqu'un qui est plus en contact avec nous-mêmes que nous ne le sommes. Nous pouvons simplement lui dire : « Je crois ! Viens au secours de mon manque de foi ! ».

La présence de Jésus dans nos vies est une bénédiction qui rayonne de joie et d'espérance - les disciples « furent dans la joie » de le voir. Nous pouvons éprouver de la joie en ayant Jésus dans nos vies malgré la douleur, la fatigue, les maladies, les échecs, les difficultés, les hésitations et même les doutes. Malgré tout, Jésus nous apporte la joie et apparaît parmi nous par notre amour les uns pour les autres.

37 IL EST RESSUSCITÉ
MARC 15 : 43-47 ; 16 : 1-8

Arriva Joseph d'Arimathée, conseiller de distinction, qui lui-même attendait aussi le royaume de Dieu. Il osa se rendre vers Pilate, pour demander le corps de Jésus. Pilate s'étonna qu'il soit mort si tôt, il fit venir le centurion et lui demanda s'il était mort depuis longtemps. S'en étant assuré par le centurion, il donna le corps à Joseph. Et Joseph, ayant acheté un linceul, descendit Jésus de la croix, l'enveloppa du linceul, et le déposa dans un sépulcre taillé dans le roc. Puis il roula une pierre à l'entrée du sépulcre. Marie Magdala, et Marie, Mère de José, regardaient ou on le mettait. Lorsque le sabbat passé, Marie de Magdala Marie, mère de Jacques, et Salomé, achetèrent des aromates, afin d'aller embaumer Jésus. Le premier jour de la semaine, elles se rendirent au sépulcre, de grand matin, comme le soleil venait de se lever. Elles disaient entre elles : Qui nous roulera la pierre loin de l'entrée du sépulcre ? Et levant les yeux, elles aperçurent que la pierre, qui était très grande, avait été roulée. Elles entrèrent dans le sépulcre, virent un jeune homme assis à droite, vêtu d'une robe blanche, et elles furent épouvantées. Il leur dit : Ne vous épouvantez pas, vous cherchez Jésus de Nazareth, qui a été crucifié, il est ressuscité il n'est point ici ; voici le lieu où on l'avait mis. Mais allez dire à ses disciples et à Pierre qu'il vous précède en Galilée : C'est là que vous le verrez, comme il vous l'a dit. Elles sortirent du sépulcre et s'enfuirent. La peur et le trouble les avaient saisies ; et elles ne dirent rien à personne, à cause de leur effroi.

COMMENTAIRE

Marc est un conteur habile ; son écriture est souvent pleine de détails. Cependant, ses phrases ne sont parfois pas si élégantes. En tant que conteur, il est entré dans les détails des conversations entre Pilate et Joseph ainsi que le centurion. Cependant, nous pouvons remarquer qu'une de ses phrases était maladroite ; en effet, après que les femmes s'étaient demandé : « Qui nous roulera la pierre ? » Marc écrivit : « Et, levant les yeux, elles voient que la pierre est roulée », puis il mentionne la raison de leur question : « qui était très grande ».

Joseph était membre du conseil et il cherchait la vérité, le royaume de Dieu. Il semble avoir connu Jésus et aimé son enseignement. Probablement lui aussi, comme les disciples, pensait que le Messie viendrait en tant que chef du monde, et ses rêves étaient maintenant brisés : Jésus est mort sur la croix. La mort sur la croix était réservée dans l'Empire romain aux classes sociales inférieures – aux esclaves, par exemple – tandis que les nobles avaient « l'honneur » de la décapitation. Le Messie, le roi, était mort comme un esclave. Tous les rêves mondains ont été brisés. Joseph était membre du conseil qui avait mis Jésus à mort, mais il aimait Jésus ; il lui a certainement fallu beaucoup de courage pour oser demander le corps de Jésus. Il pourrait être décrié comme un traître ; il pourrait être chassé, ridiculisé ou même condamné par le conseil. Pourtant, il surmonta ses peurs et se rendit chez Pilate.

Pilate voulait la confirmation que Jésus était mort, et le centurion l'a confirmé. La mort sur la croix prend du temps, car le crucifié mourra par asphyxie - en raison de l'expansion des muscles de la poitrine et des poumons, la personne ne peut pas respirer. Le corps de Jésus n'a pas été oint ; il n'y avait pas de temps pour l'onction, puisque Jésus est mort le soir du vendredi (le début du sabbat).

Tôt le dimanche, trois femmes se dirigeaient vers la tombe. Ils étaient certainement dans un profond chagrin, mais ils ont dû sentir qu'ils devaient partir. Ils n'ont pas pensé au fait qu'il leur serait impossible d'enlever la pierre ; ils ont fait ce qu'ils croyaient être juste. Ils se demandaient qui enlèverait la pierre de l'entrée du tombeau, mais ils y allaient toujours sans avoir de réponse car, par amour et souci du corps de l'être aimé, ils croyaient qu'ils devaient quand même y aller. Dans nos vies aussi, il y a des circonstances où nous serons appelées par notre conscience à suivre le chemin parcouru par ces femmes : nous serons appelées à faire ce qui est juste par amour pour les autres et par croyance en Jésus-Christ. Il y aura de nombreuses « pierres » à retirer de l'entrée de nombreuses « tombes », mais cela ne devrait pas nous arrêter. On peut se demander qui enlèverait ces « pierres », mais encore faut-il suivre le chemin des femmes et être fidèle à Jésus, Le chercher, Le suivre jusqu'à l'abîme de la « mort » où se trouvent les opprimés et les pauvres, pour Le rejoindre et agissez avec Lui pour « la vie du monde ». Nous découvrirons alors, comme ces femmes l'ont découvert, que la « pierre » a roulé, et nous ferons l'expérience de la résurrection de la multitude de « morts » que nous rencontrerons dans nos propres vies personnelles et dans la vie des autres. La foi peut déplacer des montagnes, et elle peut aussi faire rouler des pierres à l'entrée des tombes, afin que nous soyons ressuscités avec Jésus.

Un jeune homme était assis « à droite ». « Le côté droite » décrit également la position de Jésus-Christ glorifié à la droite du Père. Le jeune homme est « vêtu d'une robe blanche » de la même manière que Jésus est apparu sur le mont Thabor après la première annonce de sa mort et de sa résurrection (Marc 9 : 3). Cependant, Marc nous laisse avec une énigme, car il ne confirme pas si ce jeune homme était le Jésus ressuscité ou non.

Le jeune homme confirme la résurrection de Jésus et demande aux femmes de dire aux disciples que Jésus les verra en Galilée. Cependant, les femmes ont eu peur et « elles ne dirent rien à personne ». Ce détail est une indication que la résurrection a vraiment eu lieu, qu'il ne s'agit pas d'une fabrication. Une personne qui voulait fabriquer une histoire sur la résurrection ne mentionnerait pas que les disciples ou les femmes avaient peur ; il aurait plutôt écrit sur un ton glorieux la découverte des femmes et aurait célébré leur foi « immense » et « profonde ».

Les trois femmes avaient vraiment peur. Jésus est vivant - c'est quelque chose qu'ils ne peuvent pas comprendre, et qui les croirait ? La position des femmes dans la société de l'époque (et encore dans nos sociétés d'aujourd'hui) était loin d'être égale à celle des hommes, et l'on peut lire dans la Bible que les disciples ne croyaient pas les trois femmes : « ces paroles semblèrent un délire et ils ne croyaient pas ces femmes » (Luc 24 : 11). L'expression « délire » a un ton patriarcal et condescendant qui reflète le scepticisme vis-à-vis le jugement des femmes en tant que femmes.

Le jeune homme a délivré aux femmes le message de la résurrection, de la victoire de la vie sur la mort, mais elles n'ont rien dit, car elles avaient peur. Plus tard, ils surmontèrent leur peur et racontèrent aux disciples ce qu'ils avaient vu. Nous aussi, nous recevons un message de vie et de résurrection, et nous ferons face à la peur dans nos vies, maintes et maintes fois ; dans de tels moments, nous devons décider de surmonter ou non notre peur de témoigner pour la vie, de témoigner de tout aperçu de la Vérité que nous voyons, de témoigner de Jésus-Christ. Si nous décidons de témoigner de Jésus, nous devons le faire dans le respect absolu de la liberté humaine, comme Il l'a fait - Lui qui n'a pas crucifié les autres mais a accepté la liberté humaine de Le rejeter et de Le crucifier.

38 UN HOMME GUÉRI À LA PISCINE DE BETHESDA
JEAN 5 : 1-15

En ce temps-là, il y eut une fête des Juifs, et Jésus monta à Jérusalem. Or, à Jérusalem près de la porte des brebis, il y a une piscine qui s'appelle en hébreu Bethesda, et qui a cinq portiques. Sous ces portiques étaient couchés en grand nombre des malades, des aveugles, des boiteux, des paralytiques, qu'attendaient le mouvement de l'eau, car un ange descendait de temps en temps dans la piscine, et agitait l'eau et celui qui y descendait le premier après que l'eau avait été agitée était guéri, quelle que soit sa maladie. Là, se trouvait un homme malade depuis trente-huit ans. Jésus, l'ayant vu couché, et sachant qu'il était déjà malade depuis longtemps, lui dit : Veux-tu guérir ! Le malade lui répondit : Seigneur, je n'ai personne pour me jeter dans la piscine quand l'eau est agitée, et, pendant que j'y vais, un autre descend avant moi. Lève-toi, lui dit Jésus, prends ton lit, et marche. Aussitôt cet homme fut guéri ; il prit son lit, et marcha. C'était un jour de sabbat. Les Juifs dirent donc à celui qui avait été guéri : C'est le sabbat ; il ne t'est pas permis d'emporter ton lit. Il leur répondit : Celui qui m'a guéri m'a dit : Prends ton lit, et marche. Ils lui demandèrent : Qui est l'homme qui t'a dit : prends ton lit, et marche ! Mais celui qui avait été guéri ne savait pas qui c'était, car Jésus avait disparu de la foule qui était en ce lieu. Depuis, Jésus le trouva dans le temple, et lui dit : Voici tu as été guéri ; ne pèche plus, de peur qu'il ne t'arrive quelque chose de pire. Cet homme s'en alla, et annonça aux Juifs que c'était Jésus qui l'avait guéri.

COMMENTAIRE

Dans ce court passage de la Bible, deux personnalités entament un dialogue : Jésus et un malade. Aussi, on remarque la présence d'un groupe de personnes dont l'intérêt principal est l'observation des règles de la Loi.

C'est une scène en trois actes. Au premier acte, les malades sont désœuvrés, « en attente », notamment les plus marginalisés d'entre eux, cet homme malade depuis quarante-huit ans. Au deuxième acte, Jésus intervient : « Lève-toi… et marche » et au troisième acte, le malade bouge et agit : « il prit son lit, et marcha ». Il y a un contraste clair entre le premier acte et le troisième, intermédié par les actions de Jésus.

Jésus est présenté comme le Seigneur de la vie : Il dit et la vie coule ; l'inertie devient action ; l'attente se transforme en marche. La parole de Jésus-Christ nous rappelle la Genèse : « le souffle de Dieu planait à la surface des eaux, et Dieu dit : « Que la lumière soit ! » Et la lumière fut. » (Genèse 1 : 2-4), où la Parole de Dieu crée la lumière, la vie, la beauté, et brise les ténèbres et le néant. Jean a expliqué au début de son Évangile que le Verbe de Dieu est Jésus-Christ : « Au commencement était le Verbe, et le Verbe était tourné vers Dieu, et le Verbe était Dieu … En Lui était la vie » (Jean 1 : 1, 4), « Et le Verbe s'est fait chair et il a habité parmi nous » (Jean 1 : 14). Jésus-Christ est le Verbe de Dieu qui crée tout bien. Ici, dans ce texte d'aujourd'hui, Sa parole crée la santé et brise la maladie, crée l'action et brise l'oisiveté, crée la vie là où il y avait la « mort » et les « ténèbres ».

Cependant, Dieu respecte notre volonté, comme le dit l'adage : « Dieu peut tout sauf forcer une personne à l'aimer. » Dieu respecte notre liberté ; en effet, Jésus demande à l'homme s'il veut être guéri.

L'homme ne répondit pas par un mot ; il a raconté une histoire, son histoire. Il veut la compassion de Jésus plus qu'une simple guérison. Nous voulons tous être entendus, être vus, être écoutés ; nous avons besoin de compassion avant tout. L'homme a partagé son expérience avec Jésus ; il a répondu à la question de Jésus indirectement, il a répondu « oui » indirectement. Il voulait être guéri, mais les circonstances ne lui étaient pas favorables. Jésus le guérit et lui demanda de ne plus être oisif, « prends ton lit et marche », comme si Jésus disait : « relève-toi de la mort à la vie ».

Les personnes atteintes de maladies graves ou de handicaps sont marginalisées de nos jours, et leur marginalisation a dû être encore plus grave à l'époque de Jésus ; on pourrait dire au sens figuré qu'ils vivaient une sorte de « mort » sociale. « Lève-toi » : on ne peut qu'entendre l'écho de la résurrection dans ces mots, on ne peut que voir la lumière de la résurrection déjà ici et maintenant, dans cet événement, dans ce texte.

L'homme est ressuscité de son expérience de la « mort » à la vie. Jésus l'avertit plus tard : « ne pèche plus, de peur qu'il ne t'arrive quelque chose de pire ». Ne pèche plus ; tout péché est un manque d'amour ; c'est un amour égaré. La vie est quelque chose que nous voulons protéger et promouvoir en nous et autour de nous, mais le sens de la vie est dans La Vie, c'est en devenant des dieux comme Dieu, c'est en devenant des frères et des sœurs, des enfants de Dieu, c'est en l'amour. Jésus indique à l'homme de jouir de sa vie mais de ne pas oublier le sens de sa vie : être avec Dieu ; transformer sa vie en une expression d'amour ; devenir une personne aimante comme Dieu qui est Amour ; danser la danse de l'Amour avec le Père, le Fils et le Saint-Esprit, la danse que le grand peintre russe Andrei Roublev (1360-1430) a exprimée dans sa célèbre icône « La Trinité ».

La signification des actions et des paroles de Jésus était absente de l'esprit et du cœur du groupe de croyants dont l'intérêt était centré sur les règles et les règlements de la Loi. La personne qui était malade, sa vie et le changement radical de sa situation n'avaient aucune importance pour eux ; ils n'ont suscité aucune question, aucun pas vers une découverte, ver un renouvellement. Le seul intérêt de ce groupe était de contrôler et de punir quelqu'un, l'homme d'abord, puis Jésus : « Qui est l'homme qui t'a dit : prends ton lit, et marche ! » Ils ont été scandalisés parce qu'une règle religieuse a été enfreinte.

C'est le second et ultime contraste du texte : d'un côté, le bonheur, la vie abondante, le changement profond ; et de l'autre, l'avarice, le manque de compassion, l'égocentrisme et l'étroitesse d'esprit. Cela pourrait aussi être notre situation aujourd'hui où nous insistons pour appliquer certaines règles qui nous conviennent au détriment de la vie des autres. Ce groupe religieux, c'est aussi nous aujourd'hui si nous entendons la voix du Christ (dans la Bible, dans la nature, dans une présence humaine) et endurcissons nos cœurs (Psaume 94 : 7-8). Continuons à nous rappeler mutuellement de marcher avec Jésus, car Il est « le Chemin et la Vérité et la Vie » (Jean 14 : 6) pour nous et pour les autres.

39 ÉTANCHER LA SOIF ÉTERNELLE
JEAN 4 : 5-42

En ce temps-là, Jésus arriva dans une ville de Samarie, nommée Sychar, près du champ que Jacob avait donné à Joseph, son fils. Là se trouvait le puits de Jacob. Jésus, fatigué du voyage, il était environ la sixième heure. Une femme de Samarie vint puiser de l'eau. Jésus lui dit : Donne-moi à boire. Car ses disciples étaient allés à la ville pour acheter des vivres. La femme samaritaine lui dit : Comment toi, qui es Juif, me demandes-tu à boire, à moi qui suis une femme samaritaine ? – Les Juifs, en effet, n'ont pas de relations avec les Samaritains. – Jésus lui répondit : si tu connaissais le don de Dieu et qui est celui qui te dit : Donne-moi à boire ! tu lui aurais toi-même demandé à boire, et il t'aurait donné de l'eau vive. Seigneur, lui dit la femme, tu n'as rien pour puiser, et le puits est profond ; d'où aurais-tu donc cette eau vive ? Es-tu plus grand que notre père Jacob, qui nous a donné ce puits, et qui en a bu lui-même, ainsi que ses fils et ses troupeaux ? Jésus lui répondit : Quiconque boit de cette eau aura encore soif, mais celui qui boira de l'eau que je lui donnerai n'aura jamais soif, et l'eau que je lui donnerai deviendra en lui une source d'eau qui jaillira jusque dans la vie éternelle. La femme lui dit : Seigneur, donne-moi cette eau, afin que je n'ai plus soif, et que je ne vienne plus puiser ici. Va, lui dit Jésus, appelle ton mari, et viens ici. La femme répondit : Je n'ai point de mari. Jésus lui dit : Tu as eu raison de dire : je n'ai point de mari. Car tu as eu cinq maris, et celui que tu as maintenant n'est pas ton mari. En cela tu as dit vrai. Seigneur, lui dit la femme, je vois que tu es prophète. Nos pères ont adoré sur cette montagne, et vous dites, que le lieu où il faut adorer est à Jérusalem. Femme, lui dit Jésus, crois-moi, l'heure vient où ce ne sera ni sur cette montagne ni à Jérusalem que vous adorerez le Père. Vous adorez ce que vous ne connaissez pas ; nous, nous adorons ce que nous connaissons, car le salut vient des Juifs. Mais l'heure vient, et elle est déjà venue, où les vrais adorateurs adoreront le Père en esprit et en vérité ; car ce sont là les adorateurs que le Père demande. Dieu est esprit ; et il faut que ceux qui l'adorent, l'adorent en esprit et en vérité. La femme lui dit : Je sais que le Messie doit venir (celui qu'on appelle Christ) ; quand il sera venu, il nous annoncera toutes choses ; Jésus lui dit : Je le suis, moi qui te parle. Là-dessus arrivèrent ses disciples, qui furent étonnés de ce qu'il parlait avec une femme. Toutefois aucun ne dit : Que demandes-tu ? Ou : De quoi parles-tu avec elle ? Alors la femme ayant laissé sa cruche, s'en alla dans la ville, et dit aux gens : Venez voir un homme qui m'a dit tout ce que j'ai fait ; ne serait ce point le Christ ? Ils sortirent de la ville, et ils vinrent vers lui. Pendant ce temps, les disciples le pressaient de manger disant : Rabbi, mange. Mais il leur dit : J'ai à manger une nourriture que vous ne connaissez pas. Les disciples se disaient donc les uns aux autres : Quelqu'un lui aurait-il apporté à manger ? Jésus leur dit : Ma nourriture est de faire la volonté de celui qui m'a envoyé, et d'accomplir son œuvre. Ne dites-vous pas qu'il y a encore quatre mois jusqu'à la moisson ? Voici, je vous le dis : levez les yeux, et regardez les champs qui déjà blanchissent pour la moisson. Celui qui moissonne reçoit un salaire, et amasse des fruits pour la vie éternelle, afin que celui qui sème et celui qui moissonne se réjouissent ensemble. Car en ceci ce qu'on dit est vrai : L'un sème, et l'autre moissonne. Je vous ai envoyés moissonner où vous n'avez pas travaillé ; d'autres ont travaillé, et vous êtes entrés dans leur travail. Plusieurs Samaritains de cette ville crurent en Jésus à cause de cette déclaration formelle de la femme : il m'a dit tout ce que j'ai fait.

Aussi, quand les Samaritains vinrent le trouver, ils le prièrent de rester auprès d'eux. Et il resta là deux jours. Un beaucoup plus grand nombre crurent à cause de sa parole ; et ils disaient à la femme : Ce n'est plus à cause de ce que tu as dit que nous croyons, car nous l'avons entendu nous-mêmes, et nous savons qu'il est vraiment le Sauveur du monde.

COMMENTAIRE

Si nous nous souvenons que les femmes du temps de Jésus, comme dans de nombreuses sociétés aujourd'hui, étaient marginalisées, nous pouvons apprécier deux aspects dans ce texte : le respect que Jésus a pour les femmes et sa liberté envers les valeurs morales de sa société. En effet, les disciples « furent étonnés de ce qu'il parlait avec une femme » !

Mais Jésus entre en conversation non seulement avec une femme mais avec une femme de Samarie. Les samaritains étaient religieusement considérés comme des « hérétiques » ou du moins non orthodoxes ; en tant que tels, ils n'étaient pas appréciés des Hébreux. En effet, un dicton hébreu, important pour cet événement, affirmait que « l'eau du Samaritain est plus impure que le sang des cochons ».

Ce comportement n'est pas quelque chose du passé et n'appartient pas aux personnes qui vivaient à cette époque ; dans notre société aujourd'hui, tant de personnes sont exclues, considérées comme « étrangères » par différents groupes sociaux ou religieux. De nombreuses personnes sont aliénées et exclus par des groupes auxquels nous appartenons, en raison de leur identité religieuse, de leur groupe social, de leur travail, de leur pays d'origine, de leur couleur de peau, de leur sexe, de leur orientation sexuelle, etc. Il y a des personnes que *nous* pourrions aliéner aujourd'hui.

Jésus n'aliène pas la femme ; Il établit un dialogue avec elle, l'écoute et lui parle. Il entame la conversation, mais pas avec fierté comme nous le faisons habituellement : « J'ai quelque chose de très précieux dont tu es privé et que moi, le bienfaiteur, je suis prêt à te donner ». Au contraire ; Jésus commence par lui demander une faveur, un acte de bonté : « Donne-moi à boire ». Par cette demande, Jésus a détruit le mur d'aliénation qui séparait les Hébreux des Samaritains et les hommes des femmes, et Il a certainement choqué la femme, puisque tout le monde savait l'animosité religieuse entre les deux groupes. La femme était certainement choquée et perplexe : « Comment toi, qui es Hébreux, me demandes-tu à boire, à moi qui suis une *femme* et *samaritaine* ? » A partir de là, la conversation s'approfondit.

Jésus indique une meilleure « eau » qui étanche une soif plus profonde : notre soif de vie. Nous vivons nos vies, nous mangeons et buvons, pour survivre. Notre corps a besoin de nourriture et d'eau, les deux sont essentiels et Jésus n'essaie pas de minimiser leur importance; sur la base de ses diverses paroles sur le royaume des cieux dans d'autres parties de la bible, on peut même dire que si la nourriture et l'eau sont des problèmes matériels pour soi-même, la nourriture et l'eau des autres devraient être des problèmes spirituels, une responsabilité émanant de sa foi. Il est spirituellement essentiel pour soi-même que les besoins matériels des autres soient satisfaits. Le « mystère de l'autre » dont parlait saint Jean Chrysostome, « le mystère de l'autre » qui prolonge le mystère de l'autel au-delà de la Messe du dimanche dans la vie quotidienne.

Pour chacun d'entre nous, survivre est un point de départ essentiel à la vie, mais ce n'est pas une fin. Tous ceux qui ont ménagé du temps dans leur journée pour se connecter à leurs propres sentiments et réfléchir à leur propre vie savent que manger et boire ne suffisent pas. Vivre est autre chose que survivre. Ce qui est essentiel pour nous, en tant qu'humains, c'est notre communion avec les autres. Rien de plus que la pandémie de Covid-19 n'a prouvé ce point à l'échelle mondiale. La distanciation physique que nous nous sommes imposés par souci de la vie a aussi démontré que manger et boire sans les autres n'est pas la vie, qu'être en vie c'est être en communion avec les autres. Cependant, la communion n'est pas un simple « être ensemble » ; les gens peuvent être ensemble dans le même lieu géographique et être étrangers les uns aux autres, et ils peuvent être séparés géographiquement et être liés les uns aux autres émotionnellement et solidairement par des actes tangibles. La communion se vit dans l'amitié, dans la famille et dans l'amour érotique. Pourtant, même la plus profonde communion d'amour entre deux personnes ne suffit pas, car elle est toujours « blessée » par notre ego et n'est donc pas complète, et elle se termine toujours par la mort et n'est donc pas éternelle. Bien que nous puissions chérir et accepter quelque chose de beau et d'inachevé, nous sommes toujours déçus par quelque chose qui n'est pas éternel. Nous aspirons à l'éternité, et ce désir se reflète dans notre désir de communion, un désir qui n'est jamais pleinement satisfait. Jésus, ici, dit que notre soif de pleine communion peut être étanchée par lui, que notre désir d'une vie pleine, notre désir d'être pleinement et éternellement vivant, et de vaincre la mort, puissent être réalisées par Lui. Il peut nous donner « l'eau vive » qui devient en nous une « source d'eau jaillissant en vie éternelle » – Il peut donner le Saint-Esprit. Avec Jésus, nos communions embellies et blessées sont guéries et prolongées pour l'éternité ; nos communions sont renouvelées par la vie éternelle et reçoivent le don de surmonter nos limites en tant que créatures faillibles et limitées.

Le Saint-Esprit est l'eau vive pour étancher notre soif de pleine vie éternelle ; comme cette femme qui « a laissé sa cruche » d'eau, nous pouvons sortir de nos illusions sociales et rester avec Jésus. Jésus mentionne aux disciples une « nourriture que vous ne connaissez pas », en disant : « Ma nourriture est *de faire* la volonté de celui qui m'a envoyé ». Notre nourriture est *de faire* la volonté de Jésus-Christ, qui résonne avec le plus profond de nos désirs. La volonté de Jésus ne nous est pas étrangère, ses paroles sont Vie pour nous, Lui qui nous envoie l'Esprit Saint, « l'Esprit de vie » dont la loi est Amour et qui nous rend « libéré de la loi du péché et de la mort » (Romains 8 : 2).

Les Samaritains lui ont demandé de rester avec eux ; ils aspiraient à la vie et l'ont trouvée. Ils croyaient aux paroles de la femme, mais ensuite, lorsqu'ils ont fait personnellement l'expérience de Jésus-

Christ, ils ont fait l'expérience de ce que c'est que d'être sur le chemin de la Vie, et ils ont su qu'ils étaient en présence du « Sauveur du monde », le Christ. Ils l'ont rencontré, et maintenant ils connaissent (« nous savons »), ils ont vécu une connaissance qui est une rencontre personnelle avec Jésus-Christ, une relation personnelle, un amour personnel, et qui est la connaissance ultime, car elle implique toute la personne.

40 SERVIR LA VIE, LA LIBERTÉ ET LA JOIE D'ABORD
JEAN 9 : 1-38

En ce temps-là, Jésus vit en passant, un homme aveugle de naissance. Ses disciples lui posèrent cette question : Rabbi, qui a péché, cet homme ou ses parents pour qu'il soit né aveugle ! Jésus répondit : Ce n'est pas que lui ou ses parents aient péché ; mais c'est afin que les œuvres de Dieu soient manifestées en lui. Il faut que je fasse, tandis qu'il est jour les œuvres de celui qui m'a envoyé ; la nuit vient, ou personne ne peut travailler. Pendant que je suis dans le monde, je suis la lumière du monde. Après avoir dit cela, il cracha à terre, et fit de la boue avec sa salive. Puis il appliqua cette boue sur les yeux de l'aveugle, et lui dit : Va, et lave-toi au réservoir de Siloé (nom qui signifie « envoyé »). Il y alla, se lava, et s'en retourna voyant clair. Ses voisins et ceux qui auparavant l'avaient connu comme un mendiant disaient : N'est-ce pas là celui qui se tenait assis et qui mendiait ? Les uns disaient : C'est lui. D'autres disaient : Non, mais il lui ressemble. Et lui-même disait : C'est moi. Ils lui dirent donc : Comment tes yeux ont-ils été ouverts ? Il répondit : L'homme qu'on appelle Jésus a fait de la boue, a oint mes yeux, et m'a dit : Va au réservoir de Siloé, et lave-toi. J'y suis allé, je me suis lavé, et j'ai pu voir. Ils lui dirent : Où est cet homme ? Il répondit : Je ne sais. Ils menèrent vers les pharisiens celui qui avait été aveugle. Or, c'était un jour de sabbat que Jésus avait fait de la boue, et lui avait ouvert les yeux. De nouveau, les pharisiens lui demandèrent comment il avait pu voir. Et il leur dit : Il a appliqué de la boue sur mes yeux, je me suis lavé, et je vois. Sur quoi quelques-uns des pharisiens dirent : Cet homme ne vient pas de Dieu, car il n'observe pas le sabbat. D'autres dirent : Comment un homme pécheur peut-il faire de tels miracles ? Et il y eut division parmi eux. Ils dirent encore à l'aveugle : Toi que dis-tu de lui, sur ce qu'il t'a ouvert les yeux ? Il répondit : C'est un prophète. Les Juifs ne crurent point qu'il avait été aveugle et qu'il avait pu être guéri, jusqu'à ce qu'ils aient fait venir ses parents. Et ils les interrogèrent, disant : Est-ce là votre fils, que vous dites être né aveugle ? Comment donc voit-il maintenant ? Ses parents répondirent : Nous savons que c'est notre fils, et qu'il est né aveugle ; mais comment il voit maintenant ou qui lui a ouvert les yeux, c'est ce que nous ne savons. Interrogez-le lui-même, il a de l'âge, il parlera de ce qui le concerne. Ses parents dirent cela parce qu'ils craignaient les Juifs, car les Juifs avaient déjà convenu que, si quelqu'un reconnaissait Jésus pour le Christ il serait exclu de la synagogue. C'est pourquoi ses parents dirent : il a de l'âge interrogez-le lui-même. Les pharisiens appelèrent une seconde fois l'homme qui avait été aveugle, et ils lui dirent : Donne gloire à Dieu, nous savons que cet homme est un pécheur. Il répondit : S'il est un pécheur, je ne sais ; je sais une chose, c'est que j'étais aveugle et que maintenant je vois. Ils lui dirent : Que t'a-t-il fait ? Comment t'a-t-il ouvert les yeux ? Il leur répondit : Je vous l'ai déjà dit, et vous n'avez pas écouté ; pourquoi voulez-vous l'entendre encore ? Voulez-vous aussi devenir ses disciples ? Ils l'injurièrent et dirent : C'est toi qui es son disciple ; nous, nous sommes disciples de Moïse. Nous savons que Dieu a parlé à Moïse ; mais celui-ci, nous ne savons d'où il est. Cet homme leur répondit ; il est étonnant que vous ne sachiez d'où il est ; et cependant il m'a ouvert les yeux. Nous savons que Dieu n'exauce point les pécheurs ; mais, si quelqu'un l'honore et fait sa volonté, il l'exauce. Jamais on n'a entendu dire que quelqu'un ait ouvert les yeux d'un aveugle-né. Si cet homme ne venait pas de

Dieu, il ne pourrait rien faire. Ils lui répondirent ; Tu es né tout entier dans le péché, et tu nous enseignes ! Et ils le chassèrent. Jésus apprit qu'ils l'avaient chassé ; et, l'ayant rencontré, il lui dit : Crois-tu au Fils de Dieu ? Il répondit : Et qui est-il, seigneur, afin que je croie en lui ? Tu l'as vu, lui dit Jésus, et celui qui te parle, c'est lui. Et il dit : Je crois, Seigneur. Et il l'adora.

COMMENTAIRE

C'est un texte très puissant avec des implications particulières pour nous aujourd'hui. Plus de deux mille ans plus tard, nous pensons et nous nous comportons comme les gens du temps de Jésus. La plupart d'entre nous croient qu'une tragédie personnelle doit avoir été l'œuvre de Dieu et se demandent : « Pourquoi moi ? Pourquoi Dieu m'a-t-il frappé avec cette tragédie ? » ou au moins « Pourquoi ne l'a-t-il pas arrêté ? ». Si quelque chose de bon ou de mauvais s'est produit, nous avons tendance à le rapporter à Dieu qui - parce qu'il est omnipotent, pensons-nous - a dû vouloir que cela se produise. Et puisque dans le christianisme, nous croyons que Dieu est bon et amour, alors nous devons arriver à la conclusion que chaque fois qu'un mauvais événement se produit, il doit s'être produit pour une « bonne » raison. La plupart des explications tournent autour de deux idées : soit que nous avons péché et Dieu nous « éduque » par la tragédie pour que nous nous repentions d'un « péché », soit qu'il doit y avoir une « sagesse » divine incompréhensible, hors de notre portée, derrière la tragédie (ce dernier raisonnement est particulièrement important lorsque nous ne voyons aucun avantage à une tragédie et lorsque nous pensons que la personne qui vit la tragédie est une bonne personne et ne la « mérite » pas).

Mais si nous lisons attentivement le texte d'aujourd'hui, nous voyons Jésus briser le genre de pensée ci-dessus. En effet, à l'époque de Jésus, les gens pensaient que les « tragédies » étaient le résultat du péché d'une personne ou des péchés de ses parents. Donc, si cet homme dont nous parlons dans le texte est aveugle depuis sa naissance, alors ses parents doivent avoir péché. Jésus dit clairement que ce genre de raisonnement est faux : « Ce n'est pas que lui ou ses parents aient péché ». Nous devons donc conclure que ce genre de raisonnement et de comportement ne s'aligne pas avec le cœur de Dieu. Il est très regrettable que les chrétiens d'aujourd'hui n'aient pas pris au sérieux l'enseignement de Jésus et se soient accrochés à un raisonnement préconçu enraciné qui appartient à une période antérieure à la révélation que nous avons reçue de Celui qui est le Verbe de Dieu et Son image la plus claire : « celui qui m'a vu, a vu le Père » (Jean 14 : 9).

Les tragédies arrivent parce que la vie est imparfaite. L'univers, tel que nous le connaissons, est imparfait et des tragédies s'y produiront certainement. Dieu n'intervient que pour la vie du monde, afin que « les œuvres de Dieu soient manifestées » en nous (Jean 9 : 3). Dieu *est* amour ; Ses œuvres sont des œuvres d'amour qui visent à renforcer la vie. Le Christ est l'image de Dieu, donc son comportement et ses paroles reflètent le comportement et la volonté du Père, et Jésus n'a jamais, pas même une seule fois, causé de tort à personne, ni pour l'instruire, ni pour qu'elle se repente. Il guérissait les gens et les invitait à se repentir, Il nourrissait les affamés et les invitait à se repentir, mais Il n'a jamais fait de mal à personne, et Il n'a jamais invité personne à se repentir en lui infligeant de la douleur. Jésus lui-même a dit à propos du Père : « Il fait lever son soleil sur les méchants et sur les bons, et tomber la pluie sur les justes et les injustes » (Matthieu 5 : 45). Dieu aime tout le monde d'un amour sacrificiel, comme nous l'a appris un Jésus-Christ crucifié (et non pas crucifiant !).

Le texte mentionne que Jésus a fait de l'argile ; cela nous rappelle le livre de la Genèse lorsque « Dieu modela l'homme avec de la poussière prise du sol » (Genèse 2 : 7). Jésus est en train de recréer en nous une « nouvelle créature » (2 Corinthiens 5 : 17), qui « ne sont pas nés du sang, ni d'un vouloir de chair, ni d'un vouloir d'homme, mais de Dieu. » (Jean 1 : 13). Après que Jésus eut oint les yeux de l'homme avec l'argile, l'homme se lava les yeux ; cette action nous rappelle le baptême, notre premier pas dans la nouvelle création : l'Église. L'homme est allé à la piscine de Siloé, qui signifie « celui qui est envoyé » : le nom est très révélateur, car celui qui est envoyé est Jésus, et Jésus envoie le Saint-Esprit. Jésus est « le chemin et la vérité et la vie », et il nous donne « l'eau vive » (Jean 4 : 10) et la « vie éternelle » (Jean 4 : 14) qui est le Saint-Esprit qui ouvrira nos yeux spirituels et nous « enseignera toutes choses » (Jean 14 : 26) sur la vérité. L'homme s'est lavé les yeux et a commencé à voir. Dans le Saint-Esprit et Jésus-Christ se trouve la « piscine » de vie dans l'Église, dans laquelle nous sommes créés de nouveau.

Ce fut un moment joyeux, un moment de vie pour cet homme. Cependant, certaines personnes ont refusé d'être satisfaites de lui, car elles étaient plus intéressées par les subtilités des lois : premièrement, personne ne devrait travailler le jour du sabbat. De nos jours aussi, nous, chrétiens, pouvons utiliser une loi ecclésiale pour juger les autres, les agresser psychologiquement ou les « chasser » de notre cœur par mépris : ceux-ci ne vont pas à la messe, ceux-là ne prient pas à notre manière, et ceux-là n'utilisent pas notre langue liturgique qui est « nécessairement » une langue « sainte » (même si les paroissiens ne la comprennent pas !), etc.

Après avoir ignoré la joie de l'événement et utilisé le sabbat pour ignorer l'œuvre de Jésus, les pharisiens (considérez-les comme des théologiens chrétiens de notre temps utilisant les règles de l'église pour opposer liberté et joie) ont eu recours à la pression et aux menaces. Ils ont demandé à la personne à deux reprises de raconter comment il avait été guéri, et ils ont même amené ses parents à témoigner ; ces derniers étaient effrayés et évitaient de répondre. Ces pharisiens avaient décidé à l'avance qu'ils n'accepteraient pas Jésus comme Christ ; en effet, les autorités « étaient déjà convenues d'exclure de la synagogue quiconque confesserait que Jésus est le Messie » (Jean 9 : 22). Enfin, ils ont agi comme s'ils étaient La Vérité et ont parlé avec condescendance à l'homme guéri, en disant : « Tu es né tout entier dans le péché, et tu nous enseignes ? ». Ils ont ignoré tout aperçu de la vérité venant de l'extérieur. Nous faisons parfois la même chose : nous négligeons toute vérité venant des autres, recourant à l'âge (« les jeunes ne savent pas comme nous »), aux niveaux d'éducation, à la culture, à la couleur de peau, à l'accent, à la religion et aux sectes au sein d'une religion. Notre logique est quelque chose comme ça : nous sommes nous-mêmes et donc nous sommes automatiquement meilleurs. Nous nous comportons comme si nous étions la Vérité, comme ces Pharisiens dans ce texte.

L'homme qui était aveugle et qui voit maintenant avait le comportement opposé. Il a mis Jésus-Christ (et non pas soi-même) au centre de son intérêt – « Seigneur, je crois » - et il l'a adoré au lieu de s'adorer lui-même.

41 JÉSUS PRIE POUR SES DISCIPLES
JEAN 17 : 1-13

En ce temps, après que Jésus a dit cela, il lève les yeux vers le ciel et il prie : Père, le moment est arrivé. Donne de la gloire à ton Fils, pour que ton Fils te donne de la gloire. Tu lui as donné le pouvoir sur tous les êtres humains. Alors il donnera la vie pour toujours à tous ceux que tu lui as donnés. Et la vie pour toujours, c'est te connaître, toi, le seul vrai Dieu, et connaître celui que tu as envoyé, Jésus-Christ. Je t'ai donné de la gloire sur la terre et j'ai fini tout ce que tu m'as donné à faire. Maintenant, Père, donne-moi cette gloire que j'avais près de toi avant que le monde existe. J'ai fait connaître ton nom aux hommes. Tu les as pris dans le monde pour me les donner. Ils étaient à toi, tu me les as donnés, et ils savent que cela vient de toi. En effet, je leur ai donné les paroles que tu m'as donnée. Ils les ont reçues, ils savent vraiment que je suis venu de toi et ils croient que tu m'as envoyé. Moi, je prie pour eux. Je ne prie pas pour le monde, mais je prie pour ceux que tu m'as donnés. Oui, ils sont à toi. Tout ce qui est à moi est à toi. De même, tout ce qui est à toi est à moi, et ma gloire apparaît en eux. Maintenant, je ne suis plus dans le monde, mais eux, ils sont dans le monde. Et moi, je vais près de toi. Père saint, garde-les par la force de ton nom, le nom que tu m'as donné. Ainsi, ils seront un, comme toi et moi, nous sommes un. Quand j'étais avec eux, je les ai gardés par la force de ton nom, le nom que tu m'as donné. Je les ai protégés, et aucun d'eux ne s'est perdu, sauf celui qui devait se perdre. Alors ce qu'on lit dans les Livres Saints est arrivé. Maintenant, Père, je vais près de toi. Mais, je dis ces paroles dans le monde, pour qu'ils aient en eux-mêmes ma joie, une joie totale

COMMENTAIRE

En tant que Fils incarné du Père, Jésus converse avec Lui. L'égalité et l'union entre le Fils et le Père sont claires dans le texte : « pour qu'ils soient un comme nous sommes un » (Jean 17 : 22). Le Fils n'est pas seulement un être humain, mais il est aussi Dieu. Cette double nature de Jésus-Christ est cruciale pour la foi chrétienne, cruciale pour notre relation avec Dieu et notre relation les uns avec les autres.

Le Père, le Fils et le Saint-Esprit sont un, en union complète ; et en même temps, ce sont trois personnes différentes les unes des autres. Leur union est une union d'amour, car « Dieu est Amour » (1 Jean 4 : 8). Sur la base de la foi chrétienne en la Trinité, un Dieu en trois personnes, et que les humains sont créés à « l'image de Dieu », nous pouvons conclure que la seule façon d'être à la ressemblance de Dieu est d'adopter un mode de vie semblable à la vie de la Trinité : une union d'amour (entre nous et avec Dieu) qui préserve nos personnes, nos différentes personnalités, notre altérité.

Jésus demande non seulement que nous soyons un, mais que nous soyons un comme Dieu-Trinité est un (« comme nous sommes un »). L'unité ou l'union que l'on peut appeler chrétienne est une unité d'amour, une union qui respecte l'intégrité des personnes qui s'y impliquent, une union qui respecte leurs altérités irréductibles, l'unicité de chacun.

Une relation, qu'elle soit entre deux personnes ou entre un groupe de quelques personnes ou toute une nation, qui aspire à l'union mais ne respecte pas l'altérité est despotique et autoritaire ; et une relation dans un groupe qui se concentre sur l'altérité et ne cherche pas l'union laissera chacun seul et isolé. L'équilibre de l'union et de l'altérité permet à une relation de rester vivante à ceux qui y sont impliqués d'être à la ressemblance de Dieu, il leurs permet de vivre dans un mode de vie à la ressemblance de la manière d'être de Dieu.

Jésus parle aussi de « gloire ». Pour comprendre la vraie gloire, nous devons examiner la vie et les paroles de Jésus-Christ. Jésus mentionne qu'il a glorifié le Père en accomplissant l'œuvre que le Père lui a confiée. Mais quelle est l'œuvre que Jésus était censé faire et qu'Il a faite ? Nous comprenons de Jésus qu'il est venu « pour que le monde ait la vie » (Jean 6 : 51), pour donner la vie et la donner en abondance. Par conséquent, nous pouvons comprendre que la gloire chrétienne consiste à « donner la vie ». Chaque fois que nous travaillons pour « donner la vie », pour soutenir la vie, pour prendre soin de la vie, pour protéger la vie, pour nourrir la vie, d'une personne ou de la nature, nous glorifions Dieu, nous participons à la gloire de Dieu. Saint Irénée a écrit au deuxième siècle que « la Gloire de Dieu est un être humain pleinement vivant ». Nous pouvons glorifier Dieu en nous-mêmes, dans les autres et dans la nature en étant pleinement vivants et en préparant les conditions pour que les gens et la nature soient pleinement vivants ; mais être pleinement vivant, c'est être comme Dieu, vivre sur un mode d'amour, dans une unité qui respecte l'altérité et donc la liberté. Rendre gloire à Dieu c'est : s'aimer soi-même, les autres et la nature, et préparer l'environnement et les conditions sociales qui favorisent l'amour dans la société. S'aimer n'est pas la même chose qu'être égoïste. S'aimer soi-même, c'est comme aimer les autres – cela peut se résumer à ne faire qu'un avec soi-même, de s'unifier, tout en respectant sa personnalité différente des autres. Être un avec soi-même peut être atteint en prenant des mesures qui ne nous nuisent pas, qui ne désintègrent pas notre existence intérieure, notre conscience ; et le respect de notre personnalité, ainsi que celle des autres, peut être atteint en renonçant à la fois à l'autoritarisme et à la soumission (car ils ne respectent pas et ne tiennent pas compte de l'altérité entre les personnes).

C'est ainsi que nous pouvons « observer la parole » de Jésus, et nous pouvons alors « lui appartenir », comme il l'a mentionné dans ses paroles au Père. Être à la ressemblance de Dieu, c'est être amoureux, dans le sens large du terme. Ce n'est pas une tâche facile ; il faut du courage et de la persévérance dans un merveilleux voyage de joie et de vivacité, ensemble.

42 LA PROMESSE DU SAINT-ESPRIT
JEAN 7 : 37-52 ; 8 : 12

En ce temps-là, le dernier jour de la fête est le plus important. Ce jour-là Jésus, debout, dit d'une voix forte : Si quelqu'un a soif, il peut venir à moi et boire. Celui qui croit en moi, des fleuves d'eau couleront de son cœur, et cette eau donne la vie. On lit cela dans les Livres Saints. Par ces mots, Jésus parle de l'Esprit de Dieu. Ceux qui croient en Jésus vont recevoir cet Esprit, mais, à ce moment-là, l'Esprit Saint n'est pas encore venu. En effet, Dieu n'a pas encore montré la gloire de Jésus. La foule entend les paroles de Jésus, et quelques-uns disent : C'est vraiment lui le Prophète ! D'autres disent : C'est lui le Messie ! Mais d'autres encore disent : Le Messie ne peut pas venir de Galilée ! En effet, on lit dans les Livres Saints : Le Messie sera de la famille de David. Le Messie viendra de Bethléem, le village de David. Ainsi, à cause de Jésus, les gens ne sont pas d'accord entre eux. Certains veulent l'arrêter, mais personne ne peut le prendre. Les gardes du temple reviennent près des chefs des prêtres et des Pharisiens. Ceux-ci leur demandent : Vous n'avez pas amené Jésus ! Pourquoi ? Les gardes répondent : Personne n'a jamais parlé comme cet homme ! Alors les Pharisiens leur disent : Il vous a trompés, vous aussi ! Aucun de nos chefs, aucun de nous Pharisiens n'a cru en cet homme ! Et cette foule qui croit en lui, elle ne connaît pas notre loi. Ce sont des gens que Dieu rejette ! Nicodème est un de ces Pharisiens. C'est lui qui était allé trouver Jésus quelque temps avant. Il dit aux autres : D'après notre loi, nous ne pouvons pas condamner un homme de cette façon ! Nous devons d'abord l'entendre et savoir ce qu'il a fait ! Mais les autres lui répondent : Est-ce que tu es de Galilée, toi aussi ? Étudie les Livres Saints et tu verras : un prophète ne peut pas venir de Galilée. De nouveau, Jésus parle à la foule. Il dit : La lumière du monde, c'est moi. Si quelqu'un me suit il ne marchera pas dans la nuit, mais il aura la lumière qui donne la vie.

COMMENTAIRE

Jésus parle de la soif, notre soif. Nous sommes des créatures assoiffées, assoiffées d'éternel. Rien de moins que l'éternel ne nous satisfait. Nous éprouvons un manque de satisfaction dans tout ce que nous faisons ; artistes, scientifiques et autres ont exprimé le désir du « plus » après chaque réalisation de leur vie. Ce désir du « plus » reflète l'image de Dieu en nous ; le désir de l'« image » de devenir à la « ressemblance » de Dieu. Nous désirons tous quelque chose ou quelqu'un ; lorsque nous satisfaisons notre désir, il brûle à nouveau comme s'il nous disait : « Je ne suis pas encore satisfait » ; nous sommes encore assoiffés, il nous faut plus. Les athées pourraient voir ce désir comme « irrationnel » ou inexplicable ; les chrétiens peuvent y voient le sceau de l'image de Dieu en nous, la tendance de notre nature à aspirer à son Créateur. L'œuvre de Jésus-Christ avait pour but de guérir cette tendance, de lui donner les moyens pour qu'elle devienne capable d'atteindre son but : l'union avec Dieu. Nous partageons tous le fruit de l'œuvre de Jésus par le baptême et la communion dans l'Église.

Jésus dit qu'il est le Dieu éternel, le Créateur qui satisfera notre désir : « Si quelqu'un a soif, qu'il vienne à moi et que boive » (Jean 7 : 37). Lorsque Jésus nous demande de le rejoindre et de nous souvenir de ses commandements, il ne nous impose pas une condition qui nous est étrangère, un ordre que nous devons suivre pour obtenir notre récompense et nous serons punis si nous ne le faisons pas - pas du tout. Ses commandements ressemblent davantage à des conseils, à travers lesquels Jésus nous montre comment être en harmonie avec la manière dont nous avons été créés ; d'une certaine manière, il nous conseille de suivre nos cœurs, de suivre l'appel de notre nature, de nous efforcer d'être en harmonie avec notre vrai moi qui a été créé dans un état de désir de s'unir dans l'amour avec Dieu et avec les autres.

Contrairement à ce que certains philosophes imaginaient, Dieu ne nous refuse pas la divinité, le feu divin. Les Grecs imaginaient Prométhée comme un dieu qui volait le feu à d'autres dieux et était donc puni par eux. Contrairement au mythe grec, Dieu, tel que nous l'a révélé Jésus-Christ, nous aime et veut partager sa divinité avec nous. Lorsque nous suivons Jésus, il nous donne l'Esprit Saint, la vie éternelle qui coule en nous et de nous : « De son sein couleront des fleuves d'eau vive » (Jean 7 : 38). Dieu s'est fait homme et a assumé notre condition d'humain, a vécu comme nous nos émotions, nos désirs, notre raison, nos amitiés et tout ce qui est humain (à l'exception du péché qui est lié à la volonté et non à la nature humaine). Il a pleuré, ressenti de la joie, senti que ses projets échouaient, s'est senti en opposition avec sa famille, abandonné par ses amis, seul en mourant comme si le Père lui-même l'avait abandonné : « Dieu, mon Dieu, pourquoi m'as-tu abandonné ? » (Matthieu 27 :46). Il a pleuré sur la croix. Et finalement, le Fils de Dieu incarné, par son humanité en tant que Jésus-Christ, a fait l'expérience de la condition humaine ultime : la mort. Dieu a partagé notre condition humaine afin qu'il nous ouvre la porte pour partager sa condition divine, la vie éternelle : « Dieu s'est fait homme pour que nous devenions Dieu », comme le disait saint Athanase d'Alexandrie au IVe siècle. Dieu partage sa divinité avec nous à chaque instant. Notre vie est un exercice pour s'unir, ensemble, par l'amour, avec Lui.

Jésus déclare clairement dans la Bible comment Il entend nous donner Sa vie : Il nous enverra le Saint-Esprit. Saint Jean explique ici que Jésus parlait de l'Esprit Saint qu'Il enverra une fois il est glorifié (ressuscité de la mort) : « Il désignait ainsi l'Esprit que devaient recevoir ceux qui croiraient en lui : en effet, il n'y avait pas encore d'Esprit parce que Jésus n'avait pas encore été glorifié » (Jean 7 : 39). C'est la mission du Saint-Esprit de nous conduire à une vie avec et en Christ, afin que nous devenions vivants, afin que notre vie s'enflamme de la vie éternelle : « Je suis la lumière du monde. Celui qui vient à ma suite ne marchera pas dans les ténèbres ; il aura la lumière qui conduit à la vie » (Jean 8 : 12).

Aussi beau que soit ce désir de Dieu envers nous, cet amour exprimé dans la chair et le sang de Jésus-Christ, nous sommes toujours libres ; nos cœurs peuvent s'endurcir, simplement parce que nous avons le libre arbitre. Nous restons donc responsables de nos choix et de nos actions. En effet, on peut remarquer dans le texte que certaines personnes qui étaient des autorités religieuses à l'époque, « les grands prêtres et les pharisiens », ont refusé d'écouter, tandis que les gens simples, qui ne connaissaient pas les détails des subtilités religieuses de leur foi, ont remarqué que Jésus était différent : « Jamais homme n'a parlé comme cet homme ! » (Jean 7 : 46). Les personnes en position d'autorité n'ont pas écouté ; ils s'accrochaient à leur autorité. L'autorité était leur « source de vie », pour ainsi dire ; ils ont essayé d'éteindre leur « soif » par l'autorité, imaginant que l'autorité n'est pas un service aux autres, mais un pouvoir sur les autres et une imposition de sa volonté. Au lieu d'aligner leur libre arbitre sur celui de la volonté de Dieu et de suivre le chemin indiqué par Jésus, le chemin de l'unité dans l'amour du Christ et des autres, ils ont choisi l'illusion du pouvoir. Au lieu de voler avec deux ailes : leur libre arbitre et le Saint-Esprit pour atteindre le royaume de Dieu, ils ont choisi l'illusion de l'autoritarisme. Au lieu de choisir le voyage éternel avec Dieu pour devenir des dieux, ils ont choisi l'illusion d'être Dieu par leurs propres pouvoirs (c'est la même expérience du péché originel expliquée au sens figuré dans la Genèse). Au lieu d'être, ils ont choisi d'avoir. Telle est notre tragédie en tant qu'humains. Mais aussi, telle est la tragédie de Dieu avec nous, et c'est le sens qu'exprime l'auteur de l'Apocalypse lorsqu'il parle de « l'agneau crucifié » depuis la création du monde (Apocalypse 5 :12 ; 1Pierre 1 :20). Dieu est Amour, et c'est pourquoi Il nous a créés humains à Son image, capables de raison, d'amour et de liberté, et donc capables de choisir ce qui est bon pour nous-mêmes, ce qui est en harmonie avec notre vrai moi, avec notre nature, avec l'image de Dieu en nous, ou choisir ce qui est mauvais pour nous, ce qui s'oppose à notre vrai moi, à notre nature. Lorsque nous choisissons ce qui s'oppose à notre nature, nous nous infligeons des souffrances à nous-mêmes et à Dieu qui nous aime. Ce don de la liberté a été une croix pour nous, depuis notre existence, et pour Dieu aussi, depuis la création du monde.

Par incarnation, et par amour pour nous, le Fils du Père a transcendé sa propre transcendance pour devenir un être humain en Jésus-Christ, afin qu'il puisse combler le fossé entre notre nature et sa vie éternelle. C'est comme si Jésus-Christ était le pont vers la vie éternelle et le Saint-Esprit nous conduisait au pont, ou comme si la vie éternelle était de la sève, Jésus-Christ était une vigne, et le Saint-Esprit nous aidait à rester connectés à la vigne : « Je suis la vigne, vous êtes les sarments : celui qui demeure en moi et en qui je demeure, celui-là portera du fruit en abondance car, en dehors de moi, vous ne pouvez rien faire » (Jean 15 : 5). Il a été dit que le Fils incarné, Jésus-Christ, et le Saint-Esprit sont les deux mains de Dieu le Père ; avec ses deux « mains » le Père nous adopte comme ses enfants, nous forme comme une famille, nous rassemble « comme une poule rassemble ses poussins sous ses ailes » (Matthieu 23 : 37).

43 LE CHRIST APPORTE LA DIVISION !
MATTHIEU 10 : 32-33 ; 37-38 ; 19 : 27-30

Quiconque se déclarera pour moi devant les hommes, je me déclarerai moi aussi pour lui devant mon Père qui est aux cieux; mais quiconque me reniera devant les hommes, je le renierai moi aussi devant mon Père qui est aux cieux. Qui aime son père ou sa mère plus que moi n'est pas digne de moi ; qui aime son fils ou sa fille plus que moi n'est pas digne de moi. Qui ne se charge pas de sa croix et ne me suit pas n'est pas digne de moi. Alors, prenant la parole, Pierre lui dit : « Eh bien ! nous, nous avons tout laissé et nous t'avons suivi. Qu'en sera-t-il donc pour nous ? » Jésus leur dit : "En vérité, je vous le déclare : Lors du renouvellement de toutes choses, quand le Fils de l'homme siégera sur son trône de gloire, vous qui m'avez suivi, vous siégerez vous aussi sur douze trônes pour juger les douze tribus d'Israël. Et quiconque aura laissé maisons, frères, sœurs, père, mère, enfants ou champs, à cause de mon Nom, recevra beaucoup plus et, en partage, la vie éternelle. Beaucoup de premiers seront derniers et beaucoup de derniers premiers.

COMMENTAIRE

Jésus insiste sur l'importance de la relation personnelle avec Lui. Il exhorte les disciples, et nous, à Le confesser, à Le reconnaître dans notre vie comme « la seule chose [qui] est nécessaire » (Luc 10 : 42). Une telle attitude est une conséquence naturelle de l'amour, d'un effort pour approfondir l'unité avec une autre personne sans perdre l'unicité de chacun. Aucun de nous ne nie sa fille ou son fils, son mari ou sa femme, sa petite amie ou son petit ami, ou son ami devant une autre personne ; un tel déni refléterait un manque d'amour, une rupture très grave dans la relation. Nous pouvons tous sentir clairement qu'un tel déni reflète non seulement un manque d'engagement mais un manque d'amour : quelque chose de brisé dans l'unité entre les personnes concernées.

Jésus nous demande de se déclarer pour Lui, car une telle déclaration représenterait un gage d'amour pour Lui. Cela se reflète également dans ses paroles ultérieures à propos de *l'amour* d'un père, de la mère, du fils ou de la fille. Jésus insinue que la source de notre salut est Lui, pas n'importe qui d'autre, et Il est très catégorique à ce sujet. Il attend de nous que nous considérions notre amour pour Lui aussi essentiel que la Vie. Les familles nous donnent des conditions physiques et psychologiques à notre survie, et Jésus ne nie pas cela, et Il ne suggère pas non plus que nous ne devrions pas aimer notre père, notre mère, notre fils, notre fille ou nos amis ; Il indique seulement que ces types de relations ne devraient pas avoir la primauté sur notre amour pour Lui. Si nous L'aimons, alors nous les aimons aussi, et si nous les aimons, alors nous L'aimons. En fait, si les parents réussissent dans leur parentalité, ils aiment leurs enfants, et en les aimant, je veux dire (1) prendre soin d'eux ; (2) se sentent responsables d'eux ; (3) les respecter, car sans respect, la responsabilité et l'attention dégénèrent en autoritarisme ; et (4) essayer de mieux les connaître par intérêt pour eux, en cherchant à les comprendre et à s'unir à eux plus en profondeur dans un voyage qui ne finit jamais[2].

Si les relations au sein d'une famille sont saines, on découvre l'amour à travers elles (sinon, on peut avoir des occasions de découvrir l'amour parental à travers une personne alternative : un grand-parent, une tante, etc.). En étant aimé, notre potentiel de compassion et d'amour grandit. Les paroles de Jésus ne nient pas cela ; Il dit simplement que ces relations ne devraient pas entraver notre amour pour Lui. Les lecteurs de Matthieu ont dû ressentir beaucoup de pression de la famille et des pairs pour quitter Jésus et retourner à leurs croyances et à leurs foi familiales ; cette exhortation s'adresse aussi à eux. Mais c'est aussi pour nous, car nos familles peuvent avoir des coutumes culturelles et des croyances sociales qui ne sont pas toutes alignées sur la foi en Jésus-Christ, sur son amour pour le monde qu'Il a opéré en paroles et en actes, tels que : racisme, profilage racial, discrimination, arrogance envers les pauvres, haine envers les immigrés, ou envers les personnes d'autres origines culturelles ou d'autres religions, ou d'autres sectes. De tels types de systèmes de croyances et de normes sociales doivent être rejetés même si nous devons subir la pression de nos politiciens, familles, amis, époux, épouse, petits amis et petites amies, collègues, patrons, etc. Jésus dit qu'en face de telles attitudes, nous devons Le confesser, Le reconnaître, et ainsi nous comporter et dire quelque chose de contraire à la norme du groupe auquel nous appartenons, parce que nous devons témoigner de la Vérité : Jésus-Christ qui est mort pour tous et aime tous, parce que tous sont les enfants de Dieu.

Trois versets sont omis ici : « N'allez pas croire que je sois venu apporter la paix sur la terre ; je ne suis pas venu apporter la paix, mais bien le glaive. Oui, je suis venu séparer l'homme de son père, la fille de sa mère, la belle-fille de sa belle-mère : on aura pour ennemis les gens de sa maison » (Matthieu 10 : 34-36). Ces versets indiquent clairement qu'un « foyer » peut devenir un « ennemi » du salut personnel s'il nous égare, nous éloigne de notre objectif, c'est-à-dire, loin de notre amour de Jésus et du monde, loin de nourrir la vie et l'amour dans ce monde comme Il a fait.

Ces trois versets indiquent que notre amour pour Jésus devrait avoir la primauté sur tout type de relation que nous avons dans ce monde. Ce n'est pas une invitation à haïr ou à ne pas aimer les autres, car bien sûr, aimer Jésus s'incarne en aimant ce monde qui est aimé par Jésus ; c'est plutôt une invitation à aimer ce monde *en vérité*, avec soin, responsabilité, respect et connaissance, et non dans l'assujettissement ou la soumission à certaines normes sociales. En effet, nous aimons *vraiment* ceux qui nous poussent à « dérailler » (à pécher) en témoignant de la vérité, de la vérité de l'amour, et précisément en rejetant, clairement et sans équivoque, non pas eux mais leurs actions et leurs idées qui sont en oppositions à Jésus. Notre témoignage est pour eux une invitation au changement ; ils pourraient découvrir l'amour et « changer leur cœur » avec la grâce du Saint-Esprit, ou non. Nous ne savons pas - c'est quelque chose laissé à leur libre arbitre.

Bien sûr, face à des actions vicieuses et nuisibles, des lois sont nécessaires pour arrêter le mal. Des lois sont nécessaires pour mettre fin au racisme, à la discrimination et aux discours de haine ; nous ne pouvons pas simplement attendre un changement de cœur, ou un changement de direction d'un libre arbitre égaré par la haine. Protéger des vies est notre priorité absolue. Les actions prises collectivement à travers l'éducation, les programmes sociaux, les lois, pour arrêter les actes vicieux sont une expression d'amour envers les opprimés ainsi qu'envers ceux qui agissent vicieusement.

Reconnaître Jésus, c'est L'aimer, et notre amour pour Jésus se traduit tantôt en disant quelque chose (contre le racisme, par exemple) et tantôt en faisant quelque chose (manifester contre les injustices, donner aux pauvres, demander au gouvernement de changer les politiques pour être plus équitable, bénévolat dans une organisation, etc.). Reconnaître Jésus, c'est l'aimer et garder ses commandements dans notre vie quotidienne car « Celui qui reçoit mes commandements et leur obéit, voilà celui qui m'aime » (Jean 14 : 21).

C'est un chemin très difficile ; en effet, c'est une croix. Si nous nous souvenons à quel point il est difficile et douloureux de défendre ce en quoi on croit quand c'est en opposition avec ce en quoi sa famille, ses amis et ses proches croient, alors nous comprenons que reconnaître Jésus-Christ est une croix. Certaines personnes pourraient nous mettre sur une croix émotionnelle et mentale ; ils pourraient nous chasser du milieu d'eux. Si nous témoignons de l'amour contre la haine, de la vérité contre le mensonge, nous pouvons nous sentir parfois comme des parias, comme Jésus l'a ressenti, mais au moins nous savons qu'en même temps, nous sommes nous-mêmes, nous ne nous perdons pas : car à quoi profiterons-nous si nous gagnons le monde entier, et nous perdons nous-mêmes ? (Marc 8 : 36). Si nous témoignons de l'amour, nous savons que nous sommes unis à Jésus et que nous héritons de la vie éternelle, car la vie éternelle est amour.

Cependant, nous ne devons jamais penser que nous avons atteint la fin, que nous avons tout réalisé. Nous pouvons toujours faire mieux et corriger notre trajectoire, surmonter nos tentations égoïstes, car l'orgueil est toujours une tentation, et l'une de nos tentations est de penser que parce que nous sommes baptisés, nous sommes automatiquement sauvés - pire encore, nous pourrions penser que les non-chrétiens ne seront pas sauvés, ne connaîtront pas le royaume de Dieu ! Jésus nous avertit : « beaucoup qui sont maintenant les premiers seront les derniers et beaucoup qui sont maintenant les derniers seront les premiers. » (Matthieu 19 : 30). Nous ne sommes pas les juges du royaume de Dieu. Il faut travailler à s'aimer soi-même en aimant les autres et le monde ; la réponse à la question « Qui est sauvé ? » relève de la connaissance de Dieu et non de nous. Cependant, nous savons que ceux qui aiment, aiment par la puissance de Dieu parce que la source de l'amour est Dieu et seulement Dieu. Ainsi, nous pouvons être confiant et espérer et prier pour que tous ceux qui aiment soient en unité avec Dieu, d'une manière que Dieu seul connaît.

44 LE ROYAUME DES CIEUX À PORTÉE DE MAIN
MATTHIEU 9 : 36, 10 : 1-8

En ce temps-là, Voyant les foules, il eut pitié d'elles parce qu'elles étaient fatiguées et abattues comme des brebis sans berger. Il dit alors à ses disciples : « La moisson est abondante, et les ouvriers sont peu nombreux. Priez donc le maître de la moisson d'envoyer des ouvriers pour sa moisson. » Alors Jésus appela ses douze disciples et leur donna le pouvoir d'expulser les esprits mauvais et de guérir toute maladie et toute infirmité. Voici les noms des douze Apôtres : le premier, Simon, appelé Pierre ; André son frère ; Jacques, fils de Zébédée, et Jean son frère ; Philippe et Barthélemy ; Thomas et Matthieu le publicain ; Jacques, fils d'Alphée, et Thaddée ; Simon le Zélote et Judas Iscariote, celui-là même qui le livra. Ces douze, Jésus les envoya en mission avec les instructions suivantes : « N'allez pas chez les païens et n'entrez dans aucune ville des Samaritains. Allez plutôt vers les brebis perdues de la maison d'Israël. Sur votre route, proclamez que le Royaume des cieux est tout proche. Guérissez les malades, ressuscitez les morts, purifiez les lépreux, chassez les démons. Vous avez reçu gratuitement : donnez gratuitement.

COMMENTAIRE

Juste avant ce texte, Matthieu a mentionné plusieurs actions de Jésus : la vie d'une jeune femme qui était morte a été restaurée, une femme qui avait eu un écoulement de sang pendant douze ans a été guérie, deux aveugles ont été guéris, et un muet a commencé à parler.

Matthieu nous dit qu'après avoir accompli ces miracles, Jésus « parcourait toutes les villes et les villages, il y enseignait dans leurs synagogues, proclamant la Bonne Nouvelle du Royaume et guérissant toute maladie et toute infirmité » (Matthieu 9 : 35). Mais Jésus a remarqué que les gens étaient sans guide, comme s'ils étaient perdus, et il a été ému de compassion pour eux.

Les actions de Jésus sont celles d'une personne compatissante. Il ne prêche pas seulement en paroles l'évangile, « la bonne nouvelle » du royaume de Dieu, mais il prêche aussi par des actions. Ses actions donnent aux gens un avant-goût de ce royaume ; ils constituent une fenêtre sur la vie éternelle avec Dieu, un aperçu de la lumière qu'est Vie.

Les personnes qui ont été guéries sont nécessairement redevenues malades par la suite et sont finalement décédées. Des miracles peuvent se produire, et quand ils se produisent, nous les lisons comme un acte visible de la compassion de Dieu. La compassion de Dieu est toujours là, toujours autour de nous. Notre existence elle-même est un acte de compassion ; en effet, nous n'existons pas par nous-mêmes, et notre existence n'est pas une nécessité, c'est une action d'amour de Dieu. Nous ne pourrions pas exister un instant sans l'amour de Dieu. Son amour maintient toute la création en existence, l'empêche de retomber dans le vide, dans le néant. Mais quand nous lisons un événement comme un miracle, comme une bonté inexplicable (car les miracles ne sont jamais mauvais, mais donnent toujours la vie en abondance), alors nous reconnaissons la grâce et l'amour de Dieu. Dans les miracles, la grâce constante de Dieu nous devient visible, pour ainsi dire.

Dans nos journées bien remplies, si nous prenons le temps de contempler, nous pouvons constater que l'existence est un miracle : un lever de soleil, un sourire, ou l'émerveillement d'un enfant lorsqu'il voit un papillon pour la première fois. Des événements aussi simples nous rappellent que la vie est pleine de beauté, pleine de miracles. Nos amis, nos proches, sont des miracles dans nos vies, et nous sommes probablement perçus comme des miracles dans la leur. La compassion de Jésus est illimitée et toujours présente. Seules deux choses le limitent dans ce monde: les limites de notre univers créé (puisque l'univers est créé, il n'est pas parfait), et les actions humaines – par exemple, la nourriture sur terre est suffisante pour tous mais la cupidité crée la faim et tue.

Jésus rassemble les douze et les envoie annoncer : « "le Règne des cieux s'est approché. Guérissez les malades, ressuscitez les morts, purifiez les lépreux, chassez les démons » (Matthieu 10 : 7-8). Le royaume de Dieu n'est pas un mot, ou quelque chose qui n'est qu'à venir ; c'est une heure qui est ici et maintenant et qui sera complète à l'avenir (Jean 5 : 25), et nous devrions prêcher à ce sujet par des paroles, mais aussi - et plus encore - par des actes.

Déclarer qu'aujourd'hui est le royaume de Dieu doit être fait par des actes tangibles, et les actes peuvent prendre plusieurs formes : défendre les pauvres, les aider avec l'argent, exiger que les gouvernements mettent en œuvre des politiques plus équitables, combattre le racisme, supporter la liberté et défendre la dignité, défendre la paix construit sur la justice, aider réfugiés, etc. Celui qui ne rassemble pas avec Jésus disperse (Luc 11 : 23), car Jésus est mort pour « rassembler en un seul corps tous les enfants de Dieu dispersés » (Jean 11 : 52).

45 UNE PRIORITÉ EXISTENTIELLE
MATTHIEU 6 : 22-33

Le Seigneur dit : « L'œil est la lampe du corps. Si ton œil est sain, tout ton corps sera éclairé ; mais si ton œil est malade, tout ton corps sera dans les ténèbres. Si donc la lumière qui est en toi est ténèbres, grandes seront ces ténèbres ! Nul ne peut servir deux maîtres : ou bien il haïra l'un, et aimera l'autre ; ou bien il s'attachera à l'un, et méprisera l'autre. Vous ne pouvez servir Dieu et l'argent. C'est pourquoi je vous dis : Ne vous inquiétez pas pour votre vie de ce que vous mangerez, ni pour votre corps, de quoi vous serez vêtus. La vie n'est-elle pas plus que la nourriture, et le corps plus que le vêtement ? Regardez les oiseaux du ciel : ils ne sèment ni ne moissonnent, et ils n'amassent rien dans des greniers ; et votre Père céleste les nourrit. Ne valez-vous pas beaucoup plus qu'eux ? Qui de vous, par ses inquiétudes, peut ajouter une coudée à la durée de sa vie ? Et pourquoi vous inquiéter au sujet du vêtement ? Considérez comment croissent les lis des champs : ils ne travaillent ni ne filent ; cependant je vous dis que Salomon même, dans toute sa gloire, n'a pas été vêtu comme l'un d'eux. Si Dieu revêt ainsi l'herbe des champs, qui existe aujourd'hui et qui demain sera jetée au four, ne vous vêtira-t-il pas à plus forte raison, gens de peu de foi ? Ne vous inquiétez donc point, et ne dites pas : Que mangerons-nous ? que boirons-nous ? de quoi serons-nous vêtus ? Car toutes ces choses, ce sont les païens qui les recherchent. Votre Père céleste sait que vous en avez besoin. Cherchez d'abord le royaume et la justice de Dieu ; et toutes ces choses vous seront données en plus. »

COMMENTAIRE

Ce texte est composé de trois déclarations de Jésus-Christ que Matthieu a rassemblées en séquence.

Dans la première déclaration, Jésus souligne le fait que la façon dont nous regardons le monde (« l'œil ») nous influence. Un regard amoureux sur le monde reflète notre état d'âme mais approfondit aussi notre amour ; au contraire, une vision cupide exprime et renforce notre fermeture de cœur.

Dans la seconde déclaration, Jésus précise que nos cœurs doivent être dévoués à Dieu, que notre désir ne peut être orienté vers deux pôles : « Nul ne peut servir deux maîtres… Dieu et l'argent » (Matthieu 6 : 24) et dans d'autre traduction nous lisons « Dieu et Mammon ». Mammon étant une représentation de la richesse. Jésus nous a dit un jour : « Car ton cœur sera toujours là où est ton trésor » (Matthieu 6 : 21). Si nos cœurs sont dévoués à l'accumulation (et le consumérisme est un type d'accumulation), alors notre désir et notre esprit sont occupés par les choses et se désorientent du véritable objet du désir humain : Dieu. Bien sûr, notre amour pour Dieu, et son amour pour nous, c'est la liberté – cela enflamme de plus en plus notre amour les uns envers les autres et envers toute la création. Elle nous libère de l'assujettissement aux choses.

Dans la troisième déclaration, Jésus clarifie davantage. Il nous demande de ne pas nous inquiéter des articles de base dont nous avons besoin pour notre subsistance : la nourriture et les vêtements. Il ne dit pas que nous ne devons pas nous en soucier, mais seulement que nous ne devons pas être trop inquiets à leur sujet. L'anxiété fait certainement partie de la vie - nous sommes anxieux chaque fois que nous passons un examen ou voyageons dans un nouvel endroit - mais ce n'est pas le type d'anxiété que Jésus décrit. Il décrit un état d'esprit dans lequel une personne écarte Dieu et ne compte que sur soi-même pour atteindre ses objectifs dans la vie, sans tenir compte de l'attention que Dieu porte à sa création. Jésus nous rappelle que Dieu qui prend soin de toute la création prend soin de nous, que nous devons prendre soin de nous-mêmes mais rester en communication avec Dieu, rester dans la foi, avec Lui. Il est avec nous et prend soin de nous : nous ne sommes pas seuls. Jésus nous appelle à nous concentrer sur le nécessaire, notre vie avec Dieu, afin de ne pas Le perdre de vue : Lui le Nécessaire. Être anxieux n'ajoutera rien à nos vies. Jésus nous invite à nous concentrer sur notre relation avec Dieu qui nous donne la vie. Si nous ne le faisons pas, alors quelle est la différence entre nous et les païens ? Le mot-clé dans cette déclaration est le mot « d'abord » : comme s'il disait qu'avoir de quoi à manger et des vêtements c'est important - vous en avez besoin pour votre subsistance, et elles vous seront données - mais cherchez d'abord Sa royaume, car c'est la vie pour votre vie, et cela vous permet de réaliser votre profond désir humain en vous unissant à Dieu. La question est celle des priorités. Il ne s'agit pas de l'un ou de l'autre, des moyens de subsistance ou de Dieu, il s'agit de Dieu comme une priorité absolue.

De plus, les paroles de Jésus ne concernent pas une séquence dans le temps dans laquelle nous cherchons le royaume de Dieu et ensuite nous cherchons notre gagne-pain ; pas du tout. Notre relation avec Dieu est toujours prioritaire. Les paroles de Jésus concernent une relation essentielle que nous devrions toujours mettre en premier. Il ne s'agit pas de minimiser l'importance d'autres relations ou activités ; au contraire, c'est leur donner toute leur profondeur et leur sens. Notre relation avec Dieu est toujours première, quoi que nous fassions, où que nous soyons, avec qui nous sommes, parce que cette relation rend toutes nos expériences plus humaines, plus belles, plus significatives et éternelles. Ainsi, dans notre vie quotidienne, tout en cherchant notre gagne-pain, nous devons rejeter tout ce qui nous éloigne de Dieu (malhonnêteté, cupidité, manipulation, autoritarisme, soumission, désintérêt pour le sort des autres : de notre communauté, de nos écoles, de nos universités, de nos lieux de travail, de nos sociétés, de nos pays, en un mot désintérêt pour le sort du monde). Dieu est premier, un premier existentiel : manger, boire, s'habiller, et d'autres activités, apportent la subsistance, nous maintiennent en vie, mais ne nous apportent pas la Vie. Seul Dieu est Vie. Nous restons morts sans Lui, Lui qui est Vie, Lui qui est Amour. Si Dieu-Amour est premier, alors agir avec amour dans tout ce que nous faisons est pour nous premier ; c'est la seule preuve que nous ayons qu'il est pour nous le premier, et ça nous transforme en amour et étend notre humanité   au   maximum.

46 QUE LA LUMIÈRE BRILLE
MATTHIEU 5 : 14-19

Vous êtes la lumière du monde. Une ville située sur une montagne ne peut être cachée. Et on n´allume pas une lampe pour la mettre sous le boisseau, mais on la met sur le chandelier, et elle éclaire tous ceux qui sont dans la maison. Que votre lumière luise ainsi devant les hommes, afin qu´ils voient vos bonnes œuvres, et qu´ils glorifient votre Père qui est dans les cieux. Ne croyez pas que je sois venu pour abolir la loi ou les prophètes ; je suis venu non pour abolir, mais pour accomplir. Car, je vous le dis en vérité, tant que le ciel et la terre ne passeront point, il ne disparaîtra pas de la loi un seul iota ou un seul trait de lettre, jusqu´à ce que tout soit arrivé. Celui donc qui supprimera l´un de ces plus petits commandements, et qui enseignera aux hommes à faire de même, sera appelé le plus petit dans le royaume des cieux ; mais celui qui les observera, et qui enseignera à les observer, celui-là sera appelé grand dans les royaumes des cieux.

COMMENTAIRE

Jésus nous fixe un objectif : nous devons être « la lumière du monde ». Il ne dit pas comment faire cela ; cependant, dans d'autres parties de la Bible, il dit clairement : « sans moi, vous ne pouvez rien faire » (Jean 15 : 5). Être la lumière du monde indique que nous devons être dans le monde et non séparés de lui. Le mot « monde » a deux significations dans la Bible : la première est la signification habituelle indiquant la création dans laquelle nous vivons, et la seconde est la création dans son mauvais état. Les deux significations sont présentes dans la prière de Jésus au Père ; dans sa déclaration « Je ne te demande pas de les ôter du monde, mais de les garder du Mauvais » (Jean 17 :15), il utilise le premier sens, tandis que le second sens est utilisé dans sa phrase suivante : « Si vous étiez du monde, le monde aimerait ce qui lui appartiendrait ; mais vous n'êtes pas du monde » (Jean 15 :19).

Être lumière, c'est être avec Jésus dans ce monde. Il est la source de lumière, et nous reflétons cette lumière à travers notre travail individuel et collectif afin que nos semblables « voient nos bonnes œuvres » et en découvrent la gloire du Seigneur, deviennent vraiment vivants et le glorifient.

Si notre travail est bon, il reflète la bonté et la lumière du Seigneur, et les gens Le découvriront. Jésus est la source de notre bonté et son but, l'inspiration de notre travail de vie et sa fin, l'Alpha et l'Oméga. Nous ne pouvons pas simplement prêcher au sujet de Jésus ; les gens ont besoin de voir que nous vivons ce que nous prêchons pour croire. C'est pourquoi Jésus insiste sur le « faire » : « afin qu'ils voient vos bonnes œuvres » et « celui qui les *observera*, et qui enseignera à les observer ». Ses commandements ont la primauté sur toute autre instruction parce que par Jésus, Dieu lui-même, est venu sur terre et nous a dit qui il est et comment nous pouvons être avec Lui. Jésus a dit qu'Il n'est pas venu pour abolir l'Ancien Testament, parce que s'il l'abolissait, alors l'Ancien Testament n'était pas vrai ; au lieu de cela, Il est venu pour l'accomplir. L'accomplir signifie que l'Ancien Testament était bon pour que les gens maintiennent une relation avec Dieu jusqu'à l'arrivée de Christ. Jésus est le Christ, la source à partir de laquelle l'Ancien Testament tire son sens, donc avec Lui, les anciens commandements (ce qu'il faut manger, le sabbat, etc.) cessent leur mandat et doivent être surmontés. Jésus a accompli l'Ancien

Testament en montrant le vrai sens qui y est intégré ; comme l'a écrit saint Paul : « ne laissez personne vous juger à propos de ce que vous mangez ou de ce que vous buvez, ou pour une question de fête, de nouvelle lune ou de jours de sabbat » (Colossiens 2 : 16–17).

Par exemple, Jésus a clarifié le sens de la propreté lorsqu'il a dit : « Ce n'est pas ce qui entre dans la bouche d'une personne qui la rend impure. Mais ce qui sort de sa bouche, voilà ce qui la rend impure » (Matthieu 15 : 11). De plus, le sabbat était un symbole du jour où Dieu s'est « reposé » après avoir créé le monde ; c'était un symbole de Jésus qui « s'est reposé » sur la croix et est descendu dans l'enfer pour nous libérer de la mort et faire de nous une « nouvelle création » par son sang et son corps : « si quelqu'un est uni au Christ, il est une nouvelle création : ce qui est ancien a disparu, une réalité nouvelle est là » (2 Corinthiens 5 : 17).

Être avec Jésus, être ami avec Jésus, l'adorer et l'aimer continuellement à travers tous les hauts et les bas de notre vie, nous transforme en lumière, transforme notre travail et notre enseignement afin qu'ils reflètent sa beauté. Le reste est entre chaque cœur humain et Lui, Celui qui frappe à la porte de chaque cœur en attendant que les gens l'ouvrent, afin qu'ils puissent profiter de sa présence et de son amitié et que les festivités puissent commencer.

47 GUÉRIR ET LIBÉRER UN HOMME
MATTHIEU 8 : 28-34 ; 9 : 1

Comme il était arrivé de l'autre côté, au pays des Gadaréniens, vinrent à sa rencontre deux démoniaques sortant des tombeaux, si dangereux que personne ne pouvait passer par ce chemin-là. Et les voilà qui se mirent à crier : "De quoi te mêles-tu, Fils de Dieu ? Es-tu venu ici pour nous tourmenter avant le temps ?" Or, à quelque distance, il y avait un grand troupeau de porcs en train de paître. Les démons suppliaient Jésus, disant : "Si tu nous chasses, envoie-nous dans le troupeau de porcs". Il leur dit :"Allez !" Ils sortirent et s'en allèrent dans les porcs ; et tout le troupeau se précipita du haut de l'escarpement dans la mer, et ils périrent dans les eaux. Les gardiens prirent la fuite, s'en allèrent à la ville et rapportèrent tout, ainsi que l'affaire des démoniaques. Alors toute la ville sortit à la rencontre de Jésus ; dès qu'ils le virent, ils le supplièrent de quitter leur territoire.

COMMENTAIRE

Cet événement a été relaté plus en détail par Marc (5 : 1-21). Marc a une affinité pour les détails : comparez les six versets par Mathieu ici avec les vingt et un dans Marc ! Marc a dit que l'événement avait eu lieu au pays des Gérasénien, pas au pays des Gadaréniens, et qu'il y avait un homme avec un « esprit impur », pas deux.

Cependant, il existe des éléments communs principaux. Premièrement, les démons connaissent Jésus ; ils reconnaissent en Lui le Fils de Dieu. Cela a des implications très importantes dans notre vie quotidienne : il n'est pas important de « connaître » Jésus à l'esprit, comme nous l'avons vu, même les démons le « connaissent ». Comme nous, ils ont intellectuellement reconnu que Jésus est le Fils de Dieu ; cependant, leurs actions ne sont pas compatibles avec leurs « connaissances ». La foi ne se limite pas à « croire » en l'existence de Jésus-Christ et à « connaître » certaines idées sur lui, mais elle consiste principalement à l'aimer et à se comporter d'une manière compatible avec la vie et les paroles de Jésus-Christ, selon ses enseignements et son cœur.

Dans le récit de Matthieu, ainsi que dans celui de Marc, les démons craignaient Jésus. Ils craignaient que sa présence ne les tourmente avant le jour du jugement, alors ils lui ont demandé de leur permettre d'entrer dans le troupeau de porcs. Le fait qu'ils demandent la permission à Jésus est une confirmation de son autorité suprême. Pourquoi un troupeau de porcs ? Ces esprits sont « impurs », et dans l'esprit religieux de cette époque, un porc est impur, il est donc seulement « compatible » qu'ils entrent dans un troupeau de porcs.

Les bergers ont raconté à tout le monde dans la ville ce qui s'était passé : du troupeau de porcs et des deux hommes guéris. Certes, ils n'auraient pas été heureux de voir leur troupeau périr ; ils auraient perdu beaucoup d'argent. La réaction des gens de la ville est déconcertante : ils se moquaient que deux hommes soient guéris, ils n'étaient pas intéressés par la vie regorgeant de ces deux hommes, mais étaient plus intéressés par l'argent perdu. Par conséquent, ils ont demandé à Jésus de quitter leur ville. Cela pourrait aussi être notre situation lorsque nous prenons des décisions dans nos vies en fonction de la « valeur en dollars » au lieu de l'impact sur une vie humaine, que ce soit notre vie ou celle d'un autre. Il s'agit d'un défi réel et tangible du point de vue de cet événement raconté par

Matthieu, et nous devons être vigilants pour donner la primauté à la vie humaine et à la préservation de la nature plutôt qu'à la valeur monétaire.

Christ est une source de vie ; il a dit qu'il est venu à toutes et à tous, aux « brebis », « pour qu'ils aient la vie et qu'ils l'aient en abondance. » (Jean 10 : 10). Dans nos sociétés actuelles, nous avons besoin d'argent, cela ne fait aucun doute ; mais nous en avons besoin comme un moyen, pas comme une fin - comme un moyen de faire avancer la vie humaine, nos vies, la vie des autres, la vie de la planète. Une vie humaine est toujours, catégoriquement et sans équivoque, plus importante que n'importe quelle chose ou concept, parce que ce n'est pas une chose qui peut être évaluée par un montant en dollars, ou par toute autre valeur. La valeur d'une vie humaine est illimitée ; c'est la valeur de l'Image de Dieu, la valeur de Dieu Lui-même. Soyons vigilants dans nos propres vies pour faire de la vie humaine, et de la présence du Christ en elle, une priorité. Ne chassons pas Jésus de nos vies et de nos villes simplement parce que prendre soin de la vie humaine et de la nature nous coûte de l'argent.

48 LEVEZ-VOUS ET SOYEZ LIBRE
MATTHIEU 9 : 1-8

Jésus monta donc dans la barque, retraversa la mer et vint dans sa ville. Voici qu'on lui amenait un paralysé étendu sur une civière. Voyant leur foi, Jésus dit au paralysé : "Confiance, mon fils, tes péchés sont pardonnés". Or, quelques scribes se dirent en eux-mêmes : "Cet homme blasphème !" Sachant ce qu'ils pensaient, Jésus dit : "Pourquoi ces pensées mauvaises dans vos cœurs ? Qu'y a-t-il donc de plus facile, de dire : "Tes péchés sont pardonnés", ou bien de dire "Lève-toi et marche" ? Eh bien ; afin que vous sachiez que le Fils de l'homme a sur la terre autorité pour pardonner les péchés - il dit alors au paralysé : "Lève-toi, prends ta civière et va dans ta maison." L'homme se leva et s'en alla dans sa maison. Voyant cela, les foules furent saisies de crainte et rendirent gloire à Dieu qui a donné une telle autorité aux hommes.

COMMENTAIRE

Jésus est dans sa ville. Un homme paralysé allongé dans son lit lui a été amené par un groupe de personnes. Ce groupe était peut-être un groupe d'amis et de parents qui aimaient l'homme. Ils l'ont amené à Jésus parce qu'ils avaient foi en lui. Lorsque Jésus a remarqué « leur foi », il a agi. Il y a quelque chose d'intéressant dans cet événement ;

habituellement, la personne a la foi, et elle arrive à Jésus, qui agit en fonction de sa foi. Cette fois-ci, Jésus a été touché par la foi des personnes qui aimaient cette personne paralysée. La personne peut aussi avoir eu la foi ; nous ne savons pas. Le texte est silencieux à ce sujet et se concentre uniquement sur le fait que Jésus a vu leur foi et a agi. Jésus répond à une intercession. La tradition orthodoxe lit dans ce texte la notion d'intercession où les membres – et surtout les saints – de l'unique corps du Christ, l'Église, peuvent prier les uns pour les autres au nom d'un autre membre « paralysé » par le péché, la maladie, la peur, l'anxiété, le désespoir, ou d'autres expériences. Nous pouvons voir dans le texte une base pour la croyance en l'intercession des saints. En tout cas, pratiquement, les membres d'une famille et les amis, prient pour leurs proches, et c'est aussi une forme d'intercession.

Cet événement rappelle l'aspect communautaire de l'Église, l'aspect organique décrit par saint Paul dans son texte lorsqu'il dit que les membres de l'Église sont membres du corps du Christ. Nous sommes tous un seul corps avec des rôles et des dons différents, et nous restons un seul corps qui rassemble ceux qui sont vivants et ceux qui sont décédés.

L'autre point du texte est l'autorité de Jésus. Dans l'évangile de Marc, les gens ont remarqué que Jésus « les enseignait avec autorité, à la différence des spécialistes des Écritures » (Marc 1 : 22). Ici aussi, Jésus insiste pour mentionner qu'il pardonne les péchés de cette personne, et il est bien connu que seul Dieu pardonne le péché. Par l'acte de pardonner, Jésus indique qu'il n'est pas seulement un être humain mais aussi Dieu, le Fils du Père.

Le résultat des actions de Jésus est toujours la vie, la joie, la résurrection : « Lève-toi… et va ». Et il s'est levé. Le verbe « se lever » fait écho à la prochaine résurrection de Jésus. Bien sûr, les miracles ne mettent pas fin à la souffrance ; la personne guérie retombera malade et une personne ressuscitée (Lazare, par exemple) mourra à nouveau. Cependant, tous les miracles pointent vers la résurrection finale, vers le royaume de Dieu où il n'y aura ni douleur, ni maladie, ni mort. Les miracles sont un avant-goût de la résurrection finale.

Le dernier point concerne la réaction du peuple au miracle. Certaines personnes ont glorifié Dieu en voyant l'œuvre de Dieu en Jésus, mais d'autres étaient en colère car ils ont refusé de voir le bien qui avait été fait et se sont concentrés sur le fait que seul Dieu pardonne le péché. Ils se sont concentrés sur la lettre de la Loi et ne pouvaient donc pas fournir d'espace dans leurs cœurs et leurs esprits pour recevoir de nouvelles perspectives de la miséricorde de Dieu que Jésus a montrée ; ils sont restés enfermés dans leur ancienne connaissance et ne pouvaient accepter aucune nouvelle connaissance de Dieu. Nous nous comportons de la même manière chaque fois que nous refusons de repenser une situation à laquelle nous sommes habitués, simplement parce qu'elle est devenue une « tradition », et nous ne parvenons pas à distinguer entre la foi et les dogmes comme la Tradition (avec un T majuscule) et les traditions sociales et normes. Nous nous accrochons à ce que nous savons et avons peur de ce qui est nouveau, simplement parce que nous n'y sommes pas habitués. Nous amalgamons la constante et la variante, le trésor et l'argile qui le contient (2 Corinthiens 4 : 7).

Nous devons discerner entre nos traditions culturelles humaines et la vérité de la foi. La foi en Jésus peut toujours s'exprimer de manière nouvelle, propre aux nouvelles générations de chrétiens. Une bonne approche consiste à « examinez toutes choses : retenez ce qui est bon » (1 Thessaloniciens 5 : 21), et ce qui est bon est tout ce qui est compatible avec la foi et la vérité chrétiennes principales, et au cœur de celle-ci se trouve notre foi en Jésus-Christ comme seul Sauveur et en Dieu comme amour. Tout ce qui est en harmonie avec l'amour est bon, dans la mesure où nous reconnaissons que l'amour exige le respect de la liberté. Dans l'Église, nous pouvons rechercher individuellement et collectivement, au sein de la communauté des fidèles, l'inspiration de l'Esprit Saint, et utiliser notre raison pour discerner ce qui est bon et compatible avec l'amour et la liberté et pour nous y tenir, et rejeter ce qui n'est pas.

49 UN COMBAT CONTRE LES CŒURS ENDURCIS
MATTHIEU 9 : 27-35

En ce temps-là, comme Jésus s'en allait, deux aveugles le suivirent en criant : aie pitié de nous, Fils de David ! Quand Jésus fut entré dans la maison, les aveugles s'avancèrent vers lui, et il leur dit : Croyez-vous que je puisse faire cela ? Oui, Seigneur, lui disent-ils. Alors il leur toucha les yeux en disant : Qu'il vous advienne selon votre foi. Et leurs yeux s'ouvrirent. Puis Jésus leur dit avec sévérité : Attention ! que personne ne le sache ! Mais eux, à peine sortis, parlèrent de lui dans toute cette région. Comme ils sortaient, voici qu'on lui amena un possédé muet. Le démon chassé, le muet se mit à parler. Et les foules s'émerveillèrent et dirent : Jamais rien de tel ne s'est vu en Israël ! Mais les pharisiens disaient : C'est par le chef des démons qu'il chasse les démons. Jésus parcourait toutes les villes et les villages, il y enseignait dans leurs synagogues, proclamant la Bonne Nouvelle du Royaume et guérissant toute maladie et toute infirmité.

COMMENTAIRE

« Fils de David » est un terme utilisé pour décrire le Christ. Les deux aveugles professent que Jésus est le Messie. Jésus ne fait pas de miracles pour attirer les gens, tant de fois nous pouvons lire dans les évangiles (dans Marc, par exemple) que Jésus a exhorté ceux qu'il a guéris à garder le silence sur le miracle. Il savait que les gens interpréteraient mal son messianisme : on s'attendait à un Christ qui viendrait avec violence pour établir son royaume et le régner par la force, et Jésus professe un Messie du sacrifice d'amour pour la vie du monde. Quand Jésus fait des miracles, Il les fait comme un acte d'amour, de miséricorde ; il s'émeut de la souffrance et la soulage comme un signe de l'amour de Dieu, comme un avant-goût du royaume des cieux.

Avant d'agir, Jésus demande aux deux personnes ayant une déficience visuelle si elles croient en lui, et elles sont affirmatives. Sur la base de leur foi, il accomplit un miracle et les guérit. Un miracle est lié à la foi humaine ; Dieu respecte le libre arbitre humain. Dans d'autres endroits, nous lisons que Jésus ne pouvait pas faire un travail « puissant » à cause du manque de foi des gens. Cela s'est passé dans sa propre ville : « N'est-il pas le charpentier, le fils de Marie ? » les gens disaient, « cela les empêchait de croire en lui ». Le texte continue : « Jésus leur disait : « Un prophète n'est méprisé que dans sa patrie, parmi ses parents et dans sa maison. » Et il ne pouvait faire là aucun miracle ; pourtant il guérit quelques malades en leur imposant les mains » (Marc 6 : 4-5). Les actions de Dieu avec les humains sont liées à leur libre arbitre. Dieu ne force pas la volonté humaine ; par amour libre, Dieu accepte que le libre arbitre humain limite ses actions. Il a été dit un jour que « Dieu peut tout sauf forcer un être humain à l'aimer », car tout amour est nécessairement libre, la liberté est condition de l'amour.

Une autre personne a été amenée à Jésus, et il était muet. Au temps de Jésus, les gens pensaient que les maladies et les handicaps avaient leurs racines dans le travail des démons ; c'était leur façon d'essayer d'expliquer les processus naturels. Bien sûr, nous savons aujourd'hui que les raisons à l'origine d'une maladie ou d'un handicap sont biologiques ou psychologiques. Cependant, cela ne signifie pas que le diable n'existe pas ; Jésus lui-même a fait l'expérience de la présence du diable et le décrit comme « un meurtrier dès le commencement... menteur et père du mensonge » (Jean 8 : 44). Ce que nous savons, c'est que le diable n'aime pas Dieu et n'aime donc pas l'image de Dieu : les êtres humains. Par conséquent, il profite de chaque occasion pour essayer de nous faire souffrir ; une maladie ou un incident douloureux sont des occasions pour le diable d'ajouter une douleur morale à notre douleur, de tenter de nous éloigner du Christ. Aujourd'hui, nous devons affronter la maladie avec la science, avec la médecine, mais nous prions aussi pour que la personne souffrante reste en bonne relation avec Dieu, connectée à Dieu et aux autres, et reste fidèle à Jésus-Christ et ne se laisse pas égarer par le diable. N'oublions pas que le diable a été vaincu, le Christ est le vainqueur, et le diable ne peut rien pour nous tant que nous sommes avec Dieu, aucune tentation n'est insurmontable car « Dieu est fidèle ; il ne permettra pas que vous soyez tentés au-delà de vos forces » (1 Corinthiens 10 : 13). La prière et la foi en Christ, et la confiance en lui et en les uns envers les autres, sont les meilleures approches pour contrer toute tentation dans nos vies. Le diable ne peut rien faire devant Christ, alors restons fidèles à Christ.

Les cœurs endurcis des pharisiens atteignirent l'absurdité ; ils ont accusé Jésus de « chasser les démons par le prince des démons » ! Dans Matthieu, Jésus souligne l'absurdité de l'affirmation : « Si donc Satan expulse Satan, il est divisé contre lui-même : comment alors son royaume se maintiendra-t-il ? Et si c'est par Béelzéboul que moi, je chasse les démons, vos disciples, par qui les chassent-ils ? » (Matthieu 12 : 26-27).

Mais Jésus continue de prêcher l'évangile, guérissant la souffrance des gens. Nous devrions faire de même si nous restons avec lui, ensemble, peu importe ce que les gens dont le cœur s'est endurci disent de nous, peu importe les difficultés que nous rencontrons, il faut « que ton aumône reste dans le secret ; et ton Père, qui voit dans le secret, te le rendra. » (Matthieu 6 : 4).

50 L'OMBRE DES BIENS À VENIR
MATTHIEU 14 : 14-22

En débarquant, il vit une grande foule: il fut pris de pitié pour eux et guérit leurs infirmes. Le soir venu, les disciples s'approchèrent de lui et lui dirent : "L'endroit est désert et déjà l'heure est tardive ; renvoie donc les foules, qu'elles aillent dans les villages s'acheter des vivres." Mais Jésus leur dit : "Elles n'ont pas besoin d'y aller : Donnez-leur vous-même à manger." Alors ils lui disent : "Nous n'avons ici que cinq pains et deux poissons." "Apportez-les-moi ici", dit-il. Et, ayant donné l'ordre aux foules de s'installer sur l'herbe, il prit les cinq pains et les deux poissons et, levant son regard vers le ciel, il prononça la bénédiction : puis, rompant les pains, il les donna aux disciples, et les disciples aux foules. Ils mangèrent tous et furent rassasiés : et l'on emporta ce qui restait des morceaux : douze paniers pleins ! Or ceux qui avaient mangé étaient environ cinq mille hommes, sans compter les femmes et les enfants. Aussitôt Jésus obligea les disciples à remonter dans la barque et à le précéder sur l'autre rive, pendant qu'il renverrait les foules.

COMMENTAIRE

Le texte mentionne un miracle que Jésus a accompli : Il a multiplié deux poissons et cinq pains afin qu'une foule immense puisse être satisfaite. Comme toujours, Jésus n'essaie pas d'accomplir des miracles pour attirer les gens à l'adorer ; en fait, même les disciples n'avaient pas une compréhension claire de son identité en tant que Dieu au moment de ce miracle. Au cours de son ministère auprès d'eux, les disciples avaient l'impression qu'il allait établir un royaume sur terre et débattaient parfois du type de postes qu'ils occuperaient dans son gouvernement (Marc 10 : 37 ; Matthieu 20 : 21). Toujours, la Bible montre Jésus accomplissant des miracles par compassion : « Il fut bouleversé par les foules » (Matthieu 9 : 36 ; Marc 6 : 34). Ils le suivaient pour en savoir plus sur le royaume des cieux, et ils ont eu faim.

Se rendant compte de la situation et du manque de ressources dans l'environnement, les disciples ont demandé à Jésus de renvoyer la foule, de les faire partir. Au lieu de cela, Jésus a demandé aux disciples d'utiliser le peu de ressources qu'ils avaient – cinq pains et deux poissons – et de compter sur sa grâce. Aujourd'hui, avec les crises économiques qui nous entourent, ne rejetons pas la « foule » de ceux qui sont dans le besoin, des affamés, des migrants forcés, des réfugiés, et entassons nos ressources, nos esprits, nos plans, nos approches scientifiques, notre compassion, notre temps, et les mettre au service des démunis, en comptant sur la grâce et la présence éternelle du Christ en nous.

Le texte insiste sur le nombre de personnes qui ont mangé, et ce n'est pas un petit nombre : « cinq mille hommes, sans compter les femmes et les enfants ». (Dans une société patriarcale telle que celle de Jésus et ses disciples, les hommes étaient au centre des préoccupations, pas les enfants et les femmes, donc le rapport portait sur le nombre d'hommes.) Ce n'est pas un événement simple ! Jésus nous rappelle ici Élisée, le prophète qui a nourri cent hommes « ils en ont donc mangé et en ont eu un reste, selon la parole de l'Éternel » (2 Rois 4 : 44). Jésus agit comme un grand prophète.

Il restait douze paniers. Jésus donne gratuitement, et il donne abondamment. L'amour de Dieu est toujours abondant. Le nombre douze nous rappelle les douze tribus des Hébreux, l'ancien Israël ; avec le Christ, nous sommes dans l'ère du nouvel Israël : l'Église. Les disciples ont été choisis pour être douze pour la même raison symbolique : ils sont le début du nouvel Israël, le peuple de Dieu, gouverné par l'amour, et qui inclut toutes les personnes qui choisissent librement d'être avec Dieu, d'aimer. Jésus prit « les cinq pains et les deux poissons et, levant son regard vers le ciel, il prononça la bénédiction : puis, rompant les pains » (Matthieu 14 : 19). C'est une préfiguration de l'Eucharistie ; cela nous rappelle la Dernière Cène, quand Jésus a établi la célébration eucharistique. Ce miracle préfigure l'Eucharistie, quand Jésus se distribuera lui-même, « corps et sang », pour unir les chrétiens à Lui, et aux uns les autres, pour devenir Église, corps d'amour et de service sacrificiel, lieu de compassion, surtout envers les pauvres et les opprimés.

Dans le texte, Jésus apparaît comme le berger aimant qui prend soin de ses brebis, qui a de la compassion pour les gens. Il ne se soucie pas seulement de les instruire mais aussi de les nourrir. Nous perdons parfois de vue les besoins matériels de nos paroisses et nous concentrons uniquement sur l'enseignement de la Parole ; cet événement nous rappelle que Jésus voulait que nous fassions l'un et l'autre, pour enseigner la Parole et pourvoir aux besoins matériels des opprimés.

Aussi, le texte a quelques similitudes avec l'exode des Hébreux : « Ceci est un lieu solitaire » désert, et Jésus donne du poisson aux affamés. Pendant l'exode, il est dit que « Un vent envoyé par le SEIGNEUR se leva ; de la mer, il amena des cailles qu'il abattit sur le camp et tout autour, sur une distance d'un jour de marche de chaque côté du camp ; elles couvraient le sol sur deux coudées d'épaisseur » (Nombres 11 : 31). Par ce miracle, Jésus se positionne comme le nouveau Moïse qui distribuera la nouvelle « nourriture », la nourriture du ciel, son propre « corps et sang », sa propre vie, pour que nous vivions, unis à Lui, comme des dieux, adoptés enfants du Père. Le miracle n'est que « l'ombre des biens à venir » (Hébreux 10 : 1).

51 CRISES, FOI ET COURAGE
MATTHIEU 14 : 22-34

Aussitôt Jésus obligea les disciples à remonter dans la barque et le précéder sur l'autre rive, pendant qu'il renverrait les foules. Et après avoir renvoyé les foules, il monta dans la montagne pour prier à l'écart. Le soir venu, il était là, seul. La barque se trouvait déjà à plusieurs centaines de mètres de la terre ; elle était battue par les vagues, le vent étant contraire. Vers la fin de la nuit, il vint vers eux en marchant sur la mer. En le voyant marcher sur la mer, les disciples furent affolés : "C'est un fantôme" disaient-ils, et, de peur, ils poussèrent des cris. Mais aussitôt Jésus leur parla : "Confiance, c'est moi, n'ayez pas peur !" S'adressant à lui, Pierre lui dit : "Seigneur, si c'est bien toi, ordonne-moi de venir vers toi sur les eaux." "Viens". dit-il. Et Pierre, descendu de la barque, marcha sur les eaux et alla vers Jésus. Mais, remarquant le vent, il eut peur et, commençant à couler, il s'écria : "Seigneur, sauve-moi !" Aussitôt, Jésus, tendant la main, le saisit en lui disant : "Homme de peu de foi, pourquoi as-tu douté ?" Et quand ils furent montés dans la barque, le vent tomba. Ceux qui étaient dans la barque se prosternèrent devant lui et lui dirent : "Vraiment, tu es Fils de Dieu !" Après la traversée, ils touchèrent terre à Gennésareth.

COMMENTAIRE

Après que Jésus eut multiplié les cinq pains et les deux poissons, il renvoya la foule et alla prier seul dans les collines. Dans la Bible, une colline ou une montagne est généralement un lieu d'intimité avec Dieu, un lieu où une personne est proche de Dieu. En tant qu'être humain, Jésus veille à maintenir un équilibre entre l'action et la prière. Souvent, nous ne parvenons pas à maintenir un tel équilibre dans nos vies - nous risquons d'oublier la prière quotidienne parce que nous sommes submergés par le million de choses que nous « devons » faire, la famille dont nous nous soucions, les tâches à accomplir au travail, les activités bénévoles, le film que nous voulons regarder, le livre que nous voulons lire, etc. Ou bien nous pouvons oublier l'action : prendre soin de nos familles, écouter nos enfants, faire du bénévolat, travailler pour une bonne cause, écrire à un député d'une préoccupation publique, etc., alors que nous nous retirons à la prière et ne nous soucions que de nos propres affaires tout en ignorant « la foule », les démunis de nos communautés, les opprimés de nos sociétés, les problèmes de la sphère publique, ratant ainsi des occasions de témoigner pour Christ, pour son amour, pour la justice, pour la paix et pour la compassion. Après la résurrection et l'ascension, Jésus agit par son corps, l'Église, et l'Église, c'est l'ensemble des fidèles autour du Christ qui servent le monde avec Lui. Bien que l'Église ne soit pas de ce monde, elle y est et est appelée à prendre soin du monde (Jean 17 : 15-21) et à l'unir au Christ.

Le reste de l'événement s'est produit dans la soirée lorsque la lumière s'est estompée et que l'obscurité a rampé. Le soir est un symbole d'obscurité et de peur. Dans la culture de l'époque, l'eau était un élément adverse, lié au mal et aux forces de la mort. De plus, le vent était contre eux. Le décor est planté pour la peur et l'insécurité. Les disciples sont en crise ; ils ressemblent aux lecteurs chrétiens de Matthieu qui avaient commencé à ressentir la persécution de l'Empire romain.

Le bateau a été battu par les vagues vers 3 heures du matin (« le quatrième quart de la nuit »). Le bateau a été secoué par les vagues, comme l'Église de Rome a été secouée par la persécution - un tel lien aurait pu être établi par les lecteurs de Matthieu, en particulier que l'Église est symbolisée, depuis le christianisme primitif, par un bateau de sécurité dans une mer du mal (les persécutions).

Les disciples ont eu peur quand ils ont vu que Jésus marchait sur l'eau, vainquant les forces du mal (eau et ténèbres) pour atteindre les disciples. La scène préfigure la résurrection qui a vaincu la mort. « Confiance, c'est moi, n'ayez pas peur » - ce sont les paroles de Jésus à chaque chrétien et à l'Église à travers l'histoire. Il est parmi nous et dans nos cœurs, alors nous surmonterons toute peur. Pendant les crises - et il y en a tellement aujourd'hui, en particulier pour les personnes vivant dans la persécution, dans les zones de guerre, au milieu d'une crise économique profonde, ou pendant la pandémie de COVID-19 - le message principal est de rester concentré sur le Christ, sur notre relation avec Lui. Pierre pouvait marcher sur l'eau quand il était concentré sur Jésus, et il a commencé à couler quand il a déplacé son attention vers le « vent », vers le danger. « Seigneur, sauve-moi ! », cria-t-il, et « aussitôt » Jésus le rattrapa, et le vent cessa.

Après cet événement, les disciples ont mieux reconnu que Jésus est une personne spéciale, le Fils de Dieu (même si nous savons que cette identité est restée floue pour eux jusqu'après la Pentecôte). Marc mentionne le même événement, mais il le termine différemment : les disciples ne l'ont pas reconnu comme le Fils de Dieu, mais « furent frappés de stupeur », et il ajoute « car ils n'avaient rien saisi au sujet des pains : ils refusaient de comprendre » (Marc 6 : 51-52). Jésus a marché sur la mer après le miracle de la multiplication des pains et des poissons ; Marc dit que ce miracle aurait dû enseigner aux disciples que Jésus était une personne unique, le Fils de Dieu, mais ils ne l'ont pas compris. Ils n'ont pas compris parce qu'ils *refusaient* de comprendre. Ils attendaient le Christ d'une certaine manière, un guerrier fort, une personne pour eux seuls (pas pour les foules), un être humain uniquement : qui aurait pu imaginer Dieu devenir humain, et encore moins vivre la mort en tant qu'humain ?

« Refuser de comprendre » est une expression que Marc utilise pour décrire les pharisiens (Marc 3 : 5) ; donc, c'est un langage dur que Marc utilise ici pour souligner le fait que Christ pourrait arriver d'une manière inattendue, que les voies de Dieu sont différentes des nôtres. Nous ne devrions pas endurcir nos cœurs ou essayer de façonner Dieu à notre image ; au lieu de cela, nous devrions marcher avec Dieu et façonner nos vies, avec la grâce du Saint-Esprit, à Sa ressemblance.

Il est au milieu de nous ; gardons nos yeux sur Lui, pas sur nos peurs, réelles ou imaginaires. Il nous sauvera, Il est au milieu de l'Église, et « La mort elle-même ne pourra rien contre elle. » (Matthieu 16 : 18).

52 UNE RÉSURRECTION PRÉSENTE
MATTHIEU 17 : 14-23

En ce temps-là, ils arrivaient près de la foule, quand un homme s'approcha de Jésus et lui dit en tombant à genoux : Seigneur, aie pitié de mon fils : il est lunatique et souffre beaucoup ; il tombe souvent dans le feu ou dans l'eau. Je l'ai bien amené à tes disciples, mais ils n'ont pas pu le guérir. Prenant la parole, Jésus dit : Génération incrédule et pervertie, jusqu'à quand serai-je avec vous ? Jusqu'à quand aurai-je à vous supporter ? Amenez-le-moi ici. Jésus menaça le démon, qui sortit de l'enfant, et celui-ci fut guéri dès cette heure-là. Alors les disciples, s'approchant de Jésus, lui dirent en particulier : Et nous, pourquoi n'avons-nous pu le chasser ? Il leur dit : À cause de la pauvreté de votre foi. Car, en vérité je vous le déclare, si un jour vous avez de la foi grosse comme une graine de moutarde, vous direz à cette montagne : Passe d'ici là-bas, et elle y passera. Rien ne vous sera impossible. Et puis ce genre de démon ne peut s'en aller, sinon par la prière et le jeûne. Comme ils s'étaient rassemblés en Galilée, Jésus leur dit : Le Fils de l'homme va être livré aux mains des hommes ; ils le tueront et, le troisième jour, il ressuscitera. Et ils en furent tout consternés.

COMMENTAIRE

Un homme avait un fils atteint d'un trouble neurologique courant caractérisé par des crises imprévisibles, appelées épilepsie. Le père a décrit la souffrance ; souvent, l'incompréhension publique d'un trouble ou d'un handicap conduit à un isolement social qui peut causer plus de souffrance que les effets médicaux du trouble ; l'incapacité de la société à s'adapter à nos différences est une cause de souffrance. Le père a expliqué que les crises avaient fait tomber le fils dans l'eau et le feu, mettant à la fois en danger la vie du fils et provoquant l'anxiété des parents. Le père a demandé à Jésus miséricorde et compassion, lui a demandé de faire un miracle et de guérir son fils, car les disciples étaient incapables de le guérir. Jésus a été déçu par les disciples, car il a perçu dans leur incapacité à guérir le fils un manque de foi. Sa patience fut mise à l'épreuve : « Jusqu'à quand aurai-je à vous supporter ? ». Il aurait pu sentir que sa mission était menacée : « jusqu'à quand serai-je avec vous ? ». Il savait qu'il allait être tué, et il ne resterait pas longtemps avec eux, comme il l'annonça plus tard : « Le Fils de l'homme va être livré aux mains des hommes ; ils le tueront et, le troisième jour, il ressuscitera ».

Jésus a fait preuve de compassion et a guéri le fils de l'épilepsie, et le texte mentionne également qu'il a chassé un démon. Comme c'était la coutume, les gens à l'époque de Jésus croyaient que les démons provoquaient des maladies. Par exemple, tout au long de l'histoire, les personnes atteintes de troubles mentaux étaient considérées comme « possédées » et étaient traitées de manière dure et répressive. La science, résultat du don de la raison dont Dieu nous a dotés, nous montre aujourd'hui les raisons biologiques et psychologiques de nos maladies et troubles, et nous utilisons notre don divin de la raison pour aborder les troubles, les maladies ou les handicaps avec les outils que nous créons grâce à nos connaissances actuelles. Cependant, comme nous l'avons souligné à différentes occasions, bien que le démon ne cause pas une situation (une maladie, une catastrophe naturelle, un accident), il peut utiliser cette situation contre nous parce qu'il hait Dieu et Son « image » : les êtres humains. Ainsi, dans ce texte, nous pouvons comprendre que Jésus a guéri la maladie et a remarqué la présence d'un démon qui a essayé d'utiliser cette situation pour aggraver la vie du fils et de son père ; ainsi, Jésus a non seulement guéri le fils, mais a également chassé le démon. L'existence de Satan ne peut être niée, car Jésus lui-même a fait expérimence sa présence et l'a rapporté par ses paroles. Cependant, dans nos paroles et nos actions, l'important est de se concentrer sur Jésus, sur les prières et sur l'amitié avec les saints ; qui nous maintient en paix.

La foi est cruciale. Jésus a dit que cela nous permet de déplacer des montagnes, et il y a beaucoup de « montagnes » dans nos vies : se sentir seul (ou incompris) à l'adolescence et dans la vieillesse, problèmes relationnels avec les amis et les gens que l'on aime, charges économiques, responsabilités, etc. Notre foi ne changera pas les faits, mais elle peut changer la façon dont nous les traitons. Tous ces problèmes ne nous définissent pas ; si nous avons foi en Jésus-Christ, nous savons que nous sommes aimés personnellement, toujours et constamment, quoi qu'il arrive, peu importe quand, peu importe où, toujours. Son amour n'est jamais retiré à cause de nos actions ou de nos circonstances. Son amour est inébranlable, et ainsi notre valeur personnelle est inébranlable et éternelle ; nous ne sommes jamais seuls.

Avec cette foi, nous pouvons aborder nos problèmes différemment. Les problèmes ne sont pas tout dans nos vies ; notre valeur ou la valeur de notre vie n'est pas liée à ces défis et à ces fardeaux. Notre valeur est illimitée, et il n'y a pas d'échec dans un projet ou une action dans nos vies qui ne soit pas surmontable parce que nous - en tant que personnes - ne sommes jamais « un échec », nous sommes l'image de Dieu. Nous sommes aimés et nous pouvons agir sur notre situation avec l'aide de Jésus et de quelques amis : « anges » que Dieu nous envoi.

Quand nous pourrions sentir que tout est sombre, notre foi est une lumière d'espérance, avec Jésus ce n'est jamais une obscurité totale. Jésus-Christ est mort sur la croix, mais sa résurrection est présente en nous, pour nous donner le pouvoir afin que nous ressuscitions vivants de chaque « mort » que nous faisons l'expérience nos vies ; et c'est le don ultime de tous, le don de la résurrection.

197

A PROPOS DE L'AUTEUR

Christo El Morr est écrivain et poète. Il est titulaire d'une licence en théologie de l'Institut de théologie orthodoxe Saint Serge, Paris, France. Il est membre du Mouvement des jeunes orthodoxes d'Antioche et collaborateur de son magazine de théologie Annour, et collaborateur fréquent de plusieurs magazines et journaux dans le domaine de l'échange entre la foi, d'un côté, et la culture, la science, l'engagement social, et les structures sociales, d'autre part. Il a publié plusieurs livres de théologie (en arabe) et deux recueils de poèmes (en arabe). Il est membre fondateur et rédacteur en chef du magazine de théologie populaire : Telos Magazine (Asie de l'Ouest et Afrique du Nord).

Livres de théologie (en arabe)

1. El Morr, C. (2021). *Khadem El Hobb : Al Aql Fil Iman El Massihi* [Le Serviteur de l'Amour : Raison et la foi Chrétienne]. Annour Orthodox Coop. Beirut, Lebanon.
2. El Morr, C. (2021). *Al Phalistinyoun Wal Taharror : Mawkif Masihi* [Les Palestiniens et la libération : une perspective chrétienne]. Al Adab Publishing House. Beirut, Lebanon.
3. El Morr, C. (2021). *Maa El Massih Fi Jahim Haza Al Alam* [Avec le Christ dans l'enfer de ce monde : sur la centralité de

la vie humaine]. "La" Publishing, Toronto, Canada

4. El Morr, C. (2019). *Costi Bendaly Wajhon Lil Daou Wal Hourrya* [Costi Bendaly : A Face of Light and Freedom]. Annour Orthodox Coop. Beirut, Lebanon.

5. El Morr, C. (2016). *Al Iman Bayna Al Mahabba Wa Ibadat Al Asnam : Rouya Imanyya* [Foi entre l'amour et le culte des idoles : une perspective de foi] (Vol. 1). Annour Orthodox Coop. Beirut, Lebanon.

6. El Morr, C. (2015). *Al Tajassoud Fil Hayat El Yawmyya* [Incarnation dans la Vie Quotidienne]. Annour Orthodox Coop. Beirut, Lebanon.

7. El Morr, C. (2015). *Al Kiyama Fil Hayat El Yawmyya* [Résurrection dans la Vie Quotidienne]. Annour Orthodox Coop. Beirut, Lebanon

8. El Morr, C. (2009). *Wuoud El Ilam Wa Awham El Horrya* [Promesses des Médias et Illusions de Liberté]. Annour Orthodox Coop. Beirut, Lebanon

Poems (in Arabic)

1. El Morr, C. (2022). Kabla El Shams Bi Wardah [Une Rose avant le Soleil]. Arab Scientific Publishers. Beirut, Lebanon

2. El Morr, C. (2018). *Kalimatoun Lil Daya… Habibaton Lil Manfa* [Des Mots pour la Perdition… Un Amour pour l'Exil]. Arab Scientific Publishers. Beirut, Lebanon

NOTES

---

[1] John Craphizopoulos, "Injil Markos, Kira'a Wa Ta'lik", Trans. Archemendrite Ephram (Kiryakos), Silsilat Dirasat Kitabya, No 5, Manshourat Annour, 1987, p. 84

يوحنّا كرافيذوبولس، إنجيل مرقس: قراءة وتعليق، تعريب الأرشمندريت إفرام (كرياكوس)، سلسلة دراسات كتابيّة، رقم 5، منشورات النور، 1987، ص. 84

[2] Ces quatre caractéristiques de l'amour ont été suggérées par le psychanalyste Erich Fromm dans son livre : Fromm, Erich. The Art of Loving. United States: Open Road Media, 2013.

www.ingramcontent.com/pod-product-compliance
Lightning Source LLC
Chambersburg PA
CBHW052354060726
47592CB00020B/2210